L'homme sans contact

Des mêmes auteurs

L'Homme nu. La dictature invisible du numérique, éditions Robert Laffont et Plon, 2016.

De Marc Dugain

La Chambre des officiers, Jean-Claude Lattès, 1999.
Campagne anglaise, Jean-Claude Lattès, 2000.
Heureux comme Dieu en France, Gallimard, 2002.
La Malédiction d'Edgar, Gallimard, 2005.
Une exécution ordinaire, Gallimard, 2007.
En bas, les nuages, Flammarion, 2008.
L'Insomnie des étoiles, Gallimard, 2010.
Avenue des géants, Gallimard, 2012.
L'Emprise, Gallimard, 2014.
Quinquennat, Gallimard, 2015.
Ultime Partie, Gallimard, 2016.
Ils vont tuer Robert Kennedy, Gallimard, 2017.
Intérieur jour, Robert Laffont, 2018.
Transparence, Gallimard, 2019.
La volonté, Gallimard, 2021.
Conter les moutons, Jean-Claude Lattès, 2022.

De Christophe Labbé

Justice, la bombe à retardement : dans les coulisses du tribunal de Bobigny, Robert Laffont, 2007.
Place Beauvau : la face cachée de la police, Robert Laffont, 2007.
L'espion du Président : au cœur de la police politique de Sarkozy, Robert Laffont, 2012.
Bienvenue place Beauvau : police, les secrets inavouables, Robert Laffont, 2017.

Marc Dugain
Christophe Labbé

L'homme sans contact

Éditions de
L'Observatoire

ISBN : 979-10-329-1838-8
Dépôt légal : 2022, novembre

170 *bis*, boulevard du Montparnasse, 75014 Paris

Préambule

« Chez nous, [...] chacun sera heureux, personne ne se rebellera, personne ne s'entre-tuera plus à tout bout de champ [...]. Oh, nous arriverons à les convaincre qu'ils ne deviendront libres qu'au moment où ils renonceront pour nous à leur liberté et ils se soumettront. [...] Ils deviendront craintifs, ils nous regarderont, ils se presseront vers nous comme des poussins vers la poule couveuse. Nous les émerveillerons et nous les effraierons [...]. Oui, nous les forcerons à travailler, mais, aux heures que le travail laissera libres, nous leur ferons une vie qui sera un jeu d'enfant, avec des chansons enfantines, avec un chœur, des danses innocentes. [...] Toutes les ténèbres les plus mystérieuses de leur conscience, tout, ils nous porteront tout, et nous résoudrons tout, et, eux, ils auront foi en notre décision, et ce sera une foi joyeuse, car elle les dispensera de ce souci terrible et de ces douleurs effrayantes qu'ils supportent aujourd'hui d'avoir à décider à titre libre et personnel. Et tous seront heureux[1]. »

Certains textes sont prémonitoires. Car celui qui, à son époque, comprend les hommes jusque dans les méandres de leur âme, cet indéfinissable qui se glisse entre l'esprit et les instincts et que d'aucuns voudraient voir survivre au corps qui les porte ; celui qui saisit à ce point la nature humaine et ses faiblesses ne risque pas d'être pris en défaut plus tard, même si des années ont passé. Il en est ainsi de Dostoïevski. Ce texte, écrit il y a cent quarante et un ans, est le vertigineux discours du Grand Inquisiteur qui figure dans *Les Frères Karamazov*, son testament littéraire. George Orwell s'en inspirera pour son

1. F. M. Dostoïevski, *Les Frères Karamazov*, § Le Grand Inquisiteur, 1880, Éditions Actes Sud, 2002, coll. Babel. Traduit du russe par André Markowicz.

inoubliable *1984*, et Albert Camus en fera la colonne vertébrale de son discours de réception du prix Nobel de littérature en 1957, année de naissance de l'un des auteurs de ce livre.

Le livre qui va suivre, justement, est le travail de deux personnes concernées, moins pour elles-mêmes que pour les générations qui leur succèdent, par l'accélération prodigieuse de l'asservissement de l'individu à la technologie numérique, dont le développement aura connu un bond spectaculaire pendant la crise sanitaire liée à la Covid-19 en 2020. Loin de nous l'idée que cette crise sanitaire soit le résultat d'un complot initié par ceux qui en sont les grands gagnants, de même que le fait de les désigner comme les grands gagnants ne fait pas de nous des complotistes pour autant.

Un journaliste d'investigation et un écrivain réalisateur ont donc ici joint leurs efforts pour écrire un livre qui, sans renier sa subjectivité, ne cède en rien à la tentation complotiste, ce cancer des réseaux sociaux qui fait tant pour empêcher la vérité de poindre, comme s'il était l'allié objectif du mensonge officiel pour discréditer l'esprit critique.

Bientôt, le même livre pourra être écrit par l'intelligence artificielle, par ses algorithmes, qui déjà décident pour certaines plateformes des scenari qui conviennent au public en évitant toute intervention humaine. Grâce à cette propension humaine dont s'inquiétait déjà au xvie siècle le grand ami de Montaigne, La Boétie. Entre le conspirationnisme et l'acceptation béate du « progrès » – dont on dit qu'on ne peut l'arrêter car il est tel un train lancé à grande vitesse –, entre intelligence artificielle et tentation du repli amish – pour reprendre l'expression de notre actuel président de la République, dont on verra que la fonction est menacée dans son essence même –, nous sommes persuadés qu'il reste, pour le moment, un peu de place pour l'esprit critique tel qu'il existe encore en Europe, en France, cette chose si mystérieuse et tellement combattue, dont la disparition est certainement un des enjeux majeurs de ce livre.

Il y a maintenant six ans, nous avions écrit un essai intitulé *L'Homme nu. La dictature invisible du numérique*[1]. Rien de ce que nous annoncions dans cet ouvrage n'a été démenti depuis. Au contraire, les phénomènes que nous explicitions n'ont fait qu'accélérer et amplifier cette tendance lourde.

À part un certain personnel politique qui figurerait plus avantageusement au musée Grévin que dans une quelconque assemblée, tout le monde aujourd'hui est à peu près convaincu que les deux questions majeures du siècle sont la révolution numérique et l'échéance climatique. Parler de l'un sans l'autre c'est un peu vouloir regarder le monde à venir d'un seul œil, en se cachant l'autre. Les deux décideront de nos chances de survie comme espèce. Mais, dans ce livre, nous avons choisi de raconter comment, dans ce bouleversement mondial, la révolution numérique a continué à transformer nos vies en prenant garde de protéger ses propres intérêts.

1. Plon/Robert Laffont, 2016.

Autrefois, quand on voulait prévoir l'avenir, on parlait du « monde de demain ». Or ce monde ne viendra pas dans quelques années : il est déjà là aujourd'hui, parfaitement intégré dans notre mode de vie. Serions-nous prédicateurs, nous reprendrions cette phrase de Baudelaire : « La plus belle des ruses du diable est de vous persuader qu'il n'existe pas[1]. » La révolution numérique avec son génie de l'IA ne nous force en rien, elle s'insinue en nous pour, au final, nous conduire à abdiquer une part de ce libre arbitre auquel nous, Européens, tenons, et qui est désormais désigné par les Chinois et les Américains, unis pour une fois, comme une forme d'obsolescence mentale qui expliquerait notre retard dans la compétition, invisible mais bien réelle, qui va réconcilier le libéralisme ultra-mercantile et le totalitarisme communiste afin d'atomiser toute autre forme d'idéologie politique.

1. Charles Baudelaire, *Le Spleen de Paris (Petits Poèmes en prose)*, 1869, xxix. « Le Joueur généreux ».

1

La divine surprise

« Divine surprise ». L'expression est d'Eric Schmidt, ancien P-DG de Google, multimilliardaire qui navigue aujourd'hui dans les sphères du pouvoir à Washington pour y faire la promotion de l'industrie qui a fait sa fortune, et dans laquelle il voit clairement se dessiner, à raison, l'humanité de demain. Cette influence s'exerce selon les règles libertariennes à faire disparaître progressivement l'influence des États au profit des GAFAM. Mais sa préoccupation principale, en ce début d'année 2020, est que le pouvoir grandissant de ces cinq « Big Five » (pour rappel : Google, Apple, Facebook, Amazon et Microsoft) soit de plus en plus partagé avec les géants du numérique chinois qui s'affranchissent massivement des Américains.

De quoi parle-t-il quand il lâche cette expression de « divine surprise » ? De la providence qui a mis sur le chemin de la croissance du numérique, la plus spectaculaire crise sanitaire de l'ère moderne depuis la grippe espagnole, dont on se souvient comme elle a fondu en 1918 sur une société exténuée par quatre ans de guerre mondiale. Alors que la grippe espagnole s'est abattue sur le monde telle la Grande Faucheuse, la Covid-19 se révèle plutôt mesquine, moissonnant de sa petite serpe seulement les personnes âgées et fragiles, les enfants et les adultes en bonne santé restant très largement épargnés. Probablement, dans l'esprit de Schmidt, la « divine surprise » s'entend-elle comme une double chance. Le virus permet de montrer la Chine du doigt – puisqu'il en vient – et en particulier à Donald Trump de fustiger l'empire du Milieu, mais surtout et presque essentiellement, de constater que cette crise sanitaire ne pourra être surmontée sans une accélération de la présence du numérique dans la vie quotidienne. Sans le numérique, les pays ont le choix entre le black-out total – et donc la ruine – ou laisser l'immunité se faire au prix d'un désastre parmi les populations âgées venues mourir aux portes des services de réanimation qui n'ont pas anticipé et surtout qui ne sont plus dimensionnés face à l'ampleur de la pandémie. Comme le terrorisme au milieu de la dernière décennie, l'épidémie mondiale de Covid-19 va servir d'accélérateur prodigieux au numérique, tandis que des pans entiers de l'économie traditionnelle vont perdre pied au point de se retrouver virtuellement en faillite. On pressentait que les industries traditionnelles allaient devoir céder leurs prérogatives au numérique, mais les voilà, en quelques semaines, submergées par un raz de marée de solutions déjà prêtes qui vont faire des GAFAM les vainqueurs absolus de cette pandémie. Un indicateur ne trompe pas. Alors que les marchés financiers s'affolent, les géants du numérique voient leurs valeurs boursières exploser et leurs actionnaires s'enrichir de façon vertigineuse en quelques semaines. Le contraste est saisissant entre la tragédie qui se joue sur les écrans – de tout genre – et l'euphorie qui gagne en coulisse l'économie numérique propulsée par un drame humain imprévisible.

Que consacre au fond la crise sanitaire ? La distance et l'immobilité, deux maîtres mots d'une situation nouvelle, à rebours de ce que l'humanité a vécu jusque-là. Au voyage, à la socialisation, à la convivialité, on oppose le repli, le confinement, la distanciation sociale, tout en s'efforçant de continuer à faire vivre une économie jamais autant malmenée depuis la Seconde Guerre mondiale. Comment faire avec un minimum de dégâts ? Aux décideurs politiques désemparés, l'industrie numérique propose des solutions qu'elle avait déjà testées dans la vie courante. La crise sanitaire lui offre l'opportunité de les développer à grande échelle en s'évitant l'émoi des populations qui ont autre chose à penser que le chamboulement de leur vie et de leur liberté que leur préparent le confinement et ses solutions sur mesure.

C'est ainsi que, contrairement aux révolutions industrielles qui initient de grands changements, la numérisation de l'économie s'accélère de façon spectaculaire à l'occasion de grands drames, de grandes ruptures, et surtout de grandes peurs. On peut en distinguer deux en ce début de siècle : le 11-Septembre et ses suites, puis la pandémie de 2020.

Le 11 septembre 2001, l'attaque des deux tours de New York a créé un sentiment de terreur pour les Occidentaux habitués à faire la guerre sur divers territoires de la planète sans ne plus être eux-mêmes atteints sur leur sol. Les Américains ont amené la guerre en Afghanistan et en Iraq, sur des bases mensongères pour ce dernier pays, ce qui a permis de mettre en branle le complexe militaro-industriel en mal de débouchés dans une croisade évangéliste dont l'issue a été de définitivement et gravement déstabiliser cette partie du monde. Mais au-delà de ces guerres, on assiste à l'émergence du concept de surveillance totale au service duquel l'industrie numérique va trouver de nombreuses applications. Cette orientation n'empêchera pas l'émergence de Daech en Iraq et en Syrie, ni la vague d'attentats qui a semé la désolation en France en 2015, mais elle a probablement contrarié l'ampleur que les terroristes voulaient donner à leur action. Cependant, sans internet, Daech n'aurait jamais pu se développer aussi rapidement, recruter d'un pays à l'autre, faire sa propagande, établir des connections et des relations, aller chercher au plus profond des cités des individus isolés qui le seraient sans doute restés, mais à qui le Net a donné le sentiment d'appartenir à une communauté dont la communication est menée avec des techniques modernes et efficaces.

On le sait depuis l'origine, internet est né d'un besoin militaire, et sa vocation originelle a été dévoyée pour devenir à terme l'industrie dominante. La peur est d'une certaine façon sa matière première, et elle sait évidemment l'entretenir à travers les réseaux sociaux qui, ajoutés aux chaînes d'information en continu, créent une caisse de résonance comme la presse traditionnelle n'en avait jamais été capable jusque-là. Lors de la campagne pour les élections présidentielles de 2022, le sujet essentiel qui l'a amorcée n'a pas été la crise climatique ni les effets de la révolution numérique sur la vie des individus, mais, comme d'habitude, la sécurité, parce que ce sujet est certainement l'un des plus prometteurs pour l'industrie digitale. Parce qu'elle est déjà expérimentée en Chine, la solution du crédit social a de beaux jours devant elle. L'individu de demain pourra difficilement mal se comporter au regard des critères de la société, parce que son comportement social sera complètement numérisé pour recenser toutes ses « incivilités ». De même que les États et les banques bénéficient d'une notation de confiance, l'individu sera noté, ce qui permettra à ses interlocuteurs d'en savoir beaucoup sur lui avant même qu'il ne commence à s'exprimer. D'autres exemples possibles nous viennent en tête. Pourquoi, par exemple, ne pas installer des vidéos ou des micros dans tous les lieux d'habitation et les relier à des centres de surveillance afin d'être réactif en cas de violence conjugale ? Et comme à chaque fois l'industrie numérique profite d'un effet multiplicateur. Pour plusieurs centaines de femmes agressées par an, ce qui est certes considérable, on justifie l'installation de la surveillance dans 20 millions de foyers. On comprend ainsi que le sujet de la sécurité, qui offre des développements infinis aux Big Five par l'augmentation de la surveillance des individus, soit devenu prioritaire dans une société qui n'a jamais été aussi peu violente, reléguant l'urgence climatique au second plan et évitant évidemment toute discussion de fond sur la numérisation de la société. La sécurité n'aurait pas pu être imposée comme thématique prioritaire sans la manipulation constante que le numérique impose sur le sujet, en sollicitant l'émotion par l'image plutôt que la raison par la réflexion. Avec le terrorisme, on quitte l'insécurité de la délinquance commune pour basculer dans une horreur tout aussi payante pour les GAFAM.

La menace terroriste n'est pas récente. Elle remonte bien avant l'action d'al-Qaida sur New York. La question palestinienne est à l'origine des premières opérations terroristes de grande ampleur soutenues par des États comme la Libye ou l'Iran qui cherchent à prendre un leadership contre l'Occident. La terreur palestinienne, dont les apogées seront le massacre des athlètes israéliens à Munich en 1972 puis l'attentat de Lockerbie fomenté par les services de Kadhafi en 1988, va décroître avec l'adoption de solutions politiques, mais surtout avec le versement d'une manne financière, consentie par l'Europe en particulier, qui fera du Palestinien l'homme le plus subventionné au monde. Le terrorisme tel que nous le connaissons trouve curieusement son origine dans la chute du mur de Berlin. Le 9 novembre 1989, l'idéologie alternative au capitalisme s'effondre en Occident, même si elle se maintient en Chine et en Corée du Nord. Les Soviétiques, qui mènent une guerre sans perspective en Afghanistan, se retirent sans gloire alors que leurs adversaires se sont regroupés autour de la seule valeur qui leur est propre, l'islam, dont les principes sont plus ou moins détournés selon les tribus. Un islam politique d'abord, armé par les Américains pour lutter contre les Soviétiques et qui finit par se retourner contre eux. Non seulement il leur échappe mais il devient leur premier ennemi, et parvient à fédérer, outre des musulmans du Proche et Moyen-Orient, d'autres installés en Europe au gré des multiples vagues d'immigrations. Ces musulmans trouvent dans l'islamisme un modèle politique « maison », car non issu de cerveaux occidentaux, et qui revendique un prosélytisme combattant, parfois jusqu'à l'horreur, auxquels les Occidentaux ne sont plus habitués depuis la Seconde Guerre mondiale. Ce mouvement est amplifié par les bévues américaines au Proche et Moyen-Orient, et particulièrement en Iraq où elles dépassent l'entendement. Ainsi, en représailles à la terreur semée par des Saoudiens d'al-Qaida, l'Amérique envahit l'un des rares pays laïcs de la zone, pour substituer à une minorité sunnite organisée un gouvernement fantoche chiite. Ces sunnites, humiliés par une agression et une spoliation menées au nom de la guerre contre la terreur, vont constituer la base de Daech qui, en s'érigeant en État islamique, va essaimer non seulement en Iraq mais aussi en Syrie et en Afrique, en constituant une force terroriste puissante que la défaite de Mossoul ne parviendra pas à anéantir. Daech, même affaibli, continue à prospérer, et avec lui sa stratégie du chaos en Occident. Cette stratégie consiste à susciter des vocations violentes parmi les populations musulmanes d'Europe et de France. Internet est le véhicule rêvé pour diffuser son idéologie, pour recruter et pour permettre à des combattants isolés de maintenir un contact.

D'un point de vue purement comptable, les victimes en Occident, et particulièrement en Europe, se comptent en centaines plutôt qu'en milliers, mais on le sait déjà, peu importe le nombre rapporté à une population, c'est la résonance, notamment médiatique, qui compte, et celle des actions terroristes est d'une ampleur sans proportion avec le nombre de ses victimes. Si les décès prématurés par obésité, cancers et accidents cardiovasculaires liés à une nourriture industrielle malsaine, de loin les plus nombreux, choquent des individus informés, le terrorisme, par sa violence immédiate et son caractère spectaculaire, même s'il cause considérablement moins de décès, marque autrement les esprits, et tous les esprits. C'est ainsi que la menace terroriste, bien qu'elle touche un nombre limité de personnes, a pu avoir autant de conséquences pour le plus grand nombre, avec l'avènement de la surveillance généralisée, décidée au sommet de l'État par les Américains, ces premiers promoteurs d'internet et d'une industrie qui finira par prendre le dessus sur toutes les autres.

Bien entendu, et encore heureux, la surveillance générale a permis d'éviter un certain nombre d'attentats, un chiffre que personne n'est capable de calculer, mais l'accélération de la surveillance généralisée a été sans proportion avec sa justification, tant elle déborde le cadre de la menace terroriste. Sa véritable justification, il faut aller la chercher dans l'économie du numérique, car c'est elle qui la rend nécessaire. Il faut bien voir que les GAFAM fonctionnent sur une matière première qui n'est ni le charbon, ni le pétrole, mais la donnée, en anglais *data*. Sans ce minerai de base, le numérique n'est qu'une technologie. Les données sont émises par les individus, et par définition elles sont infinies, mais pour cela il faut à tout moment les capter. Aller dans une direction, c'est émettre une donnée, comme acheter une marchandise, se soigner, communiquer, s'exprimer, etc., et toutes réunies, ces données forment un corpus gigantesque de milliards d'informations qui, en offrant une connaissance intime de l'individu, sert à deux choses. La première est de lui vendre toujours plus de biens et de services, et de transformer chacun de nous en consommateur compulsif, mais aux achats ciblés. Et atteindre un individu pour lui proposer un produit qui lui convienne parfaitement est une démarche qui fonctionne aussi bien quand il s'agit de lui vendre une politique supposée correspondre à ses aspirations que de trouver le moyen de l'influencer. On entre alors dans un processus vertigineux où, pour mieux aider un individu à consommer ou à penser, on commence par tout savoir de lui, y compris sa privée dont il est ainsi progressivement dépossédé. Les données individuelles, fuel du système, permettent de surveiller un individu. En les additionnant et en les traitant par le biais d'algorithmes sophistiqués, on est plus à même de comprendre le fonctionnement humain dans son ensemble et de réduire la part d'imprévisible. Cette part d'incertitude est une des causes profondes d'angoisse chez l'être humain, comme le ressentait Dostoïevski. Peur de la maladie, peur de la mort, peur du chômage, peur du terrorisme, et pour finir peur de l'autre, la rencontre étant l'essence même de l'événement dû au hasard. L'individu qui sort de chez lui est exposé à toutes sortes de menaces qui pèsent de fait sur son existence. De l'accident de la circulation au risque d'agression, l'extérieur est une source inépuisable de risques, plus ou moins probables. Pour réduire la peur, il faut réduire l'aléa. Pour réduire l'aléa, il faut tout savoir sur chacun à tout moment : sa localisation, à qui il parle, ce qu'il fait ou, mieux, ce qu'il a l'intention de faire. Prévoir, c'est réduire l'aléa, et le numérique est là pour cela. Demain, on nous promet que la voiture intelligente épargnera des milliers de vies sur les routes. Les caméras de surveillance qui pullulent dans les cités sur des millions de kilomètres pourront permettre l'identification des agresseurs et l'accélération de l'intervention des forces de l'ordre. La géolocalisation d'un téléphone permet déjà de savoir rapidement où se trouve une personne disparue. Accepter, pour une femme au mari violent, de placer son appartement sur écoute permanente, c'est diminuer ses risques d'être tuée par lui, et c'est encore une fois réduire un aléa. Accepter d'émettre, en permanence, des données sur sa propre santé, c'est avoir des systèmes d'alerte pour prévenir des maladies, mais c'est aussi accepter de livrer l'intérieur de son corps à la voracité des *data*. C'est le prix à payer.

Aujourd'hui, pour connaître une opinion ou une intention électorale en dehors des périodes de vote, on utilise des sondages qui, par des méthodes statistiques, parviennent plus ou moins précisément à rendre compte d'une généralité. Avec la collecte massive des données, les sondages vont disparaître progressivement pour faire place à une connaissance exhaustive de l'opinion des populations dans leur intégralité et en temps réel. Nous sommes entrés dans une ère qui vise la connaissance absolue de nous-mêmes par des machines capables de traiter et d'utiliser les milliards de données que nous émettons quotidiennement.

Nos peurs sont donc le carburant de la croissance numérique, même si elle a ses propres domaines de développement en dehors de ce sentiment humain qui sert d'accélérateur à chaque moment de son histoire au-delà des tendances de fond.

Si la peur du terrorisme a joué comme un produit dopant sur cette industrie, la crise sanitaire aura été une plus grande aubaine encore en consacrant et en aggravant des tendances lourdes.

2

Chronologie d'une crise

À entendre nos politiques, et Emmanuel Macron en particulier, on ne choisit pas le progrès ; sa légitimité et sa force nous dépassent. Mais quoi de mieux qu'une vraie crise appuyée sur de vraies peurs pour faire sauter les résistances à des tendances de fond.

Pour le virus H1N1 en 2009, on a crié au loup, et le loup n'est jamais vraiment arrivé. Pourtant nous étions prêts à combattre cette pandémie. Rien ne manquait alors : les masques étaient stockés et le système de santé ne s'était pas encore rétréci au point où il se trouvait en 2020. Mais entre-temps, deux phénomènes ont dépossédé l'hôpital de nombre de ses ressources. Le premier a été une évolution positive : la médecine ambulatoire, qui permet d'écourter les séjours hospitaliers ; le second, un plan d'économie drastique, suggérant que la santé n'est pas une priorité. Cette fois, avec la Covid-19, le virus est accompagné d'une fable destinée aux enfants. Un pangolin merveilleux, lui-même infecté par une chauve-souris espiègle, a été mangé par un être humain dans la ville de Wuhan, provoquant une épidémie due à un coronavirus que l'on connaît mal mais qui ne nous est pas étranger. La fable ne tient pas longtemps. Mais on passe alors très vite, comme souvent dorénavant, à la fiction complotiste : les Chinois auraient profité des jeux mondiaux militaires à Wuhan pour diffuser un virus… La guerre bactériologique a commencé, et Donald Trump, dans sa stratégie de conflit économique ouvert avec la Chine, n'est pas loin de donner du crédit à cette théorie qui l'arrange, et avec lui Eric Schmidt. Le P-DG de Google n'exhortait-il pas le législateur américain à augmenter le financement de la recherche et du développement dans le domaine de l'intelligence artificielle afin d'empêcher la Chine de devenir le plus grand acteur du marché mondial ? « Nous pensons qu'il s'agit d'une urgence nationale et d'une menace pour notre nation si nous ne nous mettons pas d'accord sur la priorité à donner à l'IA au sein du gouvernement fédéral et à la sécurité internationale[1] », déclarait-il ainsi dans une interview donnée à CNN.

La vérité est ailleurs. Wuhan est réputé pour avoir trois laboratoires : un P4 de très haute sécurité, où l'on étudie des virus comme Ebola, et deux laboratoires P3, notamment dédiés à l'étude des coronavirus et situés à quelques dizaines de mètres du fameux marché où s'est déclarée l'épidémie. Le P4 a d'ailleurs été monté avec l'aide de la France, à la suite d'un long processus abouti sous François Hollande mais initié par Jacques Chirac et Jean-Pierre Raffarin, grand ami de la Chine, sous l'impulsion d'Alain Mérieux,

1. Jonathan Ponciano, « Le milliardaire de Google Eric Schmidt met en garde contre une "urgence nationale" si la Chine dépasse les États-Unis dans le domaine de l'IA », *Forbes*, 12 mars 2021, tr. par *Forbes* depuis *Forbes US*.

patron de la firme pharmaceutique éponyme et soutien énergique du président Chirac. Et ce, malgré la mise en garde de diplomates et de cadres du renseignement français qui jugeaient ce transfert de technologie dangereux. On n'imagine pas que le virus ait pu s'en échapper de manière intentionnelle, mais l'hypothèse d'une erreur de manipulation dans l'un de ces laboratoires, niée par la Chine, a depuis, refait surface. Si la guerre bactériologique relève plus aujourd'hui du fantasme, des laboratoires à la pointe de la virologie, comme ceux de Wuhan, s'adonnent à des expériences ignorées du grand public, les « gains de fonction ». « Aujourd'hui, obtenir ou faire synthétiser une séquence génétique est à la portée de n'importe quel laboratoire : on peut en moins d'un mois construire de toutes pièces un virus fonctionnel à partir des séquences disponibles dans les bases de données[1] », rappelait Étienne Decroly, viro-

1. Entretien avec Étienne Decroly. Propos recueillis par Yaroslav Pigenet, « La question de l'origine du SARS-CoV-2 se pose sérieusement », 27 octobre 2020, *CNRS Le Journal*, n° 302, décembre 2020, p. 9. Intégralité de l'entretien sur lejournal.cnrs.fr, au 28 octobre 2020.

logue au CNRS. « De plus, des outils de manipulation rapide du génome, bon marché et faciles à utiliser ont été développés. Ces outils permettent de faire des avancées spectaculaires, mais ils démultiplient aussi les risques et la gravité potentielle d'un éventuel accident, notamment lors d'expériences de "gain de fonction" sur des virus à potentiel pandémique[1]. » Pour la petite histoire, en 2014, à la suite d'un accident dans un laboratoire états-unien, l'administration d'Obama avait décidé d'un moratoire sur les GOF, leur acronyme anglais, levé par Donald Trump à son arrivée à la Maison-Blanche...

« Il y a de sérieuses raisons de s'inquiéter et de croire que ce virus a pu sortir d'un laboratoire de recherche. » Ainsi s'exprime Jeffrey Sachs lors d'un entretien. Au printemps 2022, cet économiste, universitaire de renom, consultant spécial du secrétaire général des Nations unies, à la tête de la commission Covid, évoque l'existence d'un projet de recherche adressé au ministère américain

1. Entretien avec Étienne Decroly, voir note précédente.

de la Défense dont le but est d'insérer dans un corps de chauve-souris un site de clivage de furine, précisément ce qui a rendu SARS CoV-2 transmissible à l'homme. L'initiateur du projet n'est autre que Peter Daszak, président de l'Alliance EcoHealth, qui finance des recherches à l'Institut de virologie de Wuhan. Un scénario accidentel longtemps taxé de complotiste… Dans la revue de l'académie états-unienne des sciences, Sachs appelle à « une enquête indépendante sur l'origine du virus SRAS-CoV-2[1] ». Nous l'attendons toujours.

Quoi qu'il en soit, si les médias ont, de manière moutonnière, pilonné la thèse accidentelle et vu du complotisme partout, nul en revanche n'a mis en avant un fait intéressant : le désastre sanitaire provoqué par la Covid-19 aux États-Unis. Si les Américains

1. Neil L. Harrison and Jeffrey D. Sachs, "A Call for an Independent Inquiry into the Origin of the SARS-CoV-2 virus", *Proceedings of the National Academy of Sciences of the United States of America (PNAS)*, May 24, 2022, 119 (21). Disponible en ligne sur www.pnas.org au 19 mai 2022.

ont été durement frappés, c'est en partie du fait d'une grande proportion de personnes obèses, diabétiques ou souffrant de maladies cardiovasculaires. Autant de comorbidités liées au mode de vie, et notamment à la malbouffe, qui ont fait de ces populations des proies privilégiées pour ce coronavirus. Celui-ci a fauché en priorité des personnes en mauvaise santé ou très âgées. En France, 93 % de ses victimes souffraient d'une comorbidité ; quant à l'âge moyen des victimes, il est de 82 ans, et la moitié des morts ont plus de 85 ans, au-delà donc de l'espérance de vie moyenne[1]. En clair, comme l'a résumé aux auteurs un médecin chef hospitalier, de façon un peu abrupte mais sincère : la plupart des personnes décédées « étaient condamnées à mourir à brève échéance, et le virus a précipité de quelques mois l'issue fatale ». En dessous de 40 ans, sans facteur de risque, la probabilité de mourir du coronavirus est proche de zéro. Il aurait été intéressant de s'interroger sur la responsabilité de l'État américain, et dans une moindre mesure du

1. Selon Santé publique France.

nôtre, sur le fait de laisser une partie de sa population en si mauvaise santé alors qu'il est si facile d'agir.

Plus que l'ampleur de l'hécatombe, ce qui a provoqué la peur panique dans l'opinion, ce sont les images diffusées en boucle au tout début de l'épidémie des hôpitaux italiens débordés, avec ces personnes âgées qui agonisaient sur des brancards faute de place en service de réanimation.

Amplifiée par les chaînes d'information en continu et par les réseaux sociaux, la peur s'est vite transformée en panique, poussant par exemple notre directeur général de la Santé, auditionné par les députés, à comparer l'épidémie de Covid-19 avec la peste noire de 1347 qui a tué la moitié des Européens[1] ! Il est vrai qu'en France la classe politique reste traumatisée par le scandale en 1991 du sang

---

1. Jérôme Salomon : « La crise sanitaire [a un] caractère totalement exceptionnel puisque, dans l'histoire, elle peut être comparée à la pandémie de peste de 1347 ou à [...] la pandémie de grippe espagnole de 1917 [*sic*] », BFM TV, 23 avril 2020.

contaminé et par les 20 000 morts de la canicule de l'été 2003, avec à la télé, un ministre de la Santé minimisant l'hécatombe depuis sa résidence de vacances. Rappelons cependant que, chaque année, 70 000 Français meurent d'un accident vasculaire cérébral ou d'un infarctus lié à une mauvaise alimentation et 30 000 décèdent d'un cancer du poumon. Sans que cela ne semble émouvoir le personnel politique[1].

Au moment où débute la crise sanitaire liée au coronavirus, les réseaux sociaux ont déjà pris leur pleine part à la communication mondiale. Ils sont apparus au début comme des amis de la liberté d'expression, de la vérité et des minorités. Ils ont joué leur rôle à l'occasion d'événements majeurs comme le « Printemps arabe » de 2011, ces émeutes contre des régimes corrompus nées sur internet, pendant lequel on a cru que ce nouvel espace permettrait de mobiliser durablement les individus et de transcender les

1. Voir Pierre Meneton, *2084. Pourquoi l'État joue avec votre santé*, Éd. humenSciences, 2021.

obstacles de la censure officielle. Le résultat est que le Printemps arabe a été rejeté dès l'hiver suivant, dont il n'est pas sorti depuis. Autre événement de taille : la campagne présidentielle américaine de 2016 pendant laquelle les réseaux sociaux servent de déversoir à calomnies contre la candidate démocrate. Hillary Clinton va être décrédibilisée avec l'aide des geeks du président russe Vladimir Poutine, qui a tout de suite capté l'intérêt d'avoir un Donald Trump à la Maison-Blanche. L'expérience du vote sur le Brexit ou l'affaire Cambridge Analytica[1] montre que les réseaux sociaux n'ont que l'apparence de la liberté, laquelle se résume souvent à fustiger, insulter, salir dans un anonymat complet et une impunité totale qui rappellent la délation sous le régime de Vichy en France. Trump leur doit beaucoup, les partisans du Brexit aussi. Les réseaux sociaux formatent au moins autant l'opinion qu'ils ne déclarent l'exprimer et en prétendant lutter contre les

1. En 2018, cette société d'exploitation de données a manipulé les réseaux sociaux pour orienter le résultat des élections américaines.

thèses complotistes dont ils sont truffés, en chassant l'esprit critique, ils deviennent, comme on l'a vu, les alliés objectifs des *fake news*. Insidieusement, une nouvelle forme de « censure » de l'opinion s'est développée sous forme de submersion par l'expression infinie d'opinions basées sur l'émotion, sans le moindre fondement de savoir. L'anti-complotisme est aussi un marché, ce qu'ont parfaitement saisi les médias traditionnels. Les rubriques ou émissions dédiées à pister les *fake news*, à vérifier les infos des autres, au lieu d'en produire soi-même, se sont multipliées. C'est ainsi que les vérificateurs, décodeurs et autres « defakeurs » (*sic*) remplacent peu à peu les investigateurs. Et quand les journalistes ne « débuggent » pas les infos, ils les commentent. Le contre-pouvoir de la presse s'est dilué dans le commentaire.

Avec, finalement, une situation paradoxale. Le numérique stocke une masse colossale de données, d'informations, et pourtant, la connaissance ne ruisselle pas, elle semble glisser sur une surface imperméable.

La crise de la Covid-19 aura, là encore, été un révélateur. S'autorisant à démêler le vrai du faux, à séparer le bien du mal, Facebook décide très tôt de censurer toute référence à l'hypothèse d'un virus échappé d'un laboratoire chinois. Un scénario taxé de complotiste alors même que l'enquête sur les causes de la pandémie se poursuit à l'échelle mondiale. Dans un communiqué, le géant américain des réseaux sociaux dit vouloir en faire plus pour « retirer les fausses affirmations sur Facebook et Instagram [son application de partage de photos] sur le Covid-19, sur les vaccins contre le coronavirus et les vaccins en général pendant la pandémie[1] ». Les personnes qui partagent ce genre d'infos pourront être bannies de ces deux réseaux, prévient le groupe californien. Une censure aussitôt mise en œuvre, sans analyse des faits ou investigation supplémentaire, par des algorithmes idéologiquement bien formatés. Il faudra attendre que de nombreux scientifiques déclarent publiquement qu'il ne faut pas exclure le scénario de l'accident

1. Communiqué de Facebook du 8 février 2021.

de laboratoire – et qu'un livre d'enquête[1] sur les origines du SARS-CoV-2 s'en fasse également l'écho – pour que la fatwa soit levée. « Cette précipitation-là traduit – ou trahit – non seulement l'imprégnation idéologique de l'encadrement des réseaux mais tout autant un pouvoir de contrôle qui en la circonstance paraît s'exercer de manière quasi orwellienne, la fin, c'est-à-dire une certaine représentation du "bien", justifiant des moyens de subversion de la réalité[2] », relève Arnaud Benedetti, professeur associé à l'université Paris-Sorbonne et rédacteur en chef de *La Revue politique et parlementaire*. Les réseaux sociaux sont désormais des médias politiques tenus par des magnats 2.0 qui se comportent en autocrates. Quelques mois plus tard, en mai 2021, le premier des réseaux sociaux s'offre de larges pages dans les journaux pour rappeler que « Facebook

---

1. Brice Perrier, *SARS-CoV-2, aux origines du mal*, Belin Éditeur, 2021.

2. Arnaud Benedetti, « Facebook cesse de censurer l'hypothèse d'une origine humaine du Covid : "Ce que les plateformes appellent 'modérer' peut verser dans l'arbitraire" », *Le Figaro*, 2 juin 2021.

travaille avec des partenaires européens pour limiter la désinformation liée au Covid-19 ». En l'occurrence « 35 vérificateurs [...] dans 26 langues en Europe », que Facebook se garde bien de nommer, car tels que... les Observateurs de France 24. Amen ?

Plus expert pour diffuser la colère que pour la structurer, Facebook a joué un rôle primordial dans l'avènement du mouvement des Gilets jaunes en France. Et le premier réseau social au monde aura ainsi contribué à la déstabilisation de l'Europe par ses concurrents, la Russie en premier lieu, qui a observé avec satisfaction comment la crise des Gilets jaunes faisait chanceler la France, perçue comme le maillon faible de l'Union européenne.

La Russie, qui n'a pas été capable de se doter d'une industrie numérique, a par contre habilement réussi à retourner contre les démocraties occidentales une technologie qu'elles ont enfantée.

Le Kremlin l'a bien compris : si le numérique est un atout majeur du développement économique libéral, il a aussi un gros point faible puisqu'il permet la manipulation des opinions, dans des démocraties de plus en plus vacillantes. Le symptôme le plus inquiétant de cette fragilité étant l'effondrement du taux de participation aux élections.

Le mouvement des Gilets jaunes en découle directement. Mélange de contestation légitime et de populisme, il préfigure la contestation à l'heure de la révolution numérique. Car voilà un mouvement populaire qui dénigre les élites sans les menacer – les confortant même puisqu'il se soude face à ce qui ne s'exprime que par bouffées de violence sporadiques et inquiétantes –, un mouvement sans véritable leader, et un mouvement qui revendique une démocratie directe dont l'industrie numérique facilite le modèle. Les Gilets jaunes n'ont en effet pas réalisé que leurs gesticulations annonçaient la fin du modèle démocratique et l'avènement d'une dictature douce.

Parmi les outils de cette mise sous contrôle en douceur des populations dans les démocraties occidentales émerge le *nudge*, littéralement « coup de coude » en anglais, mais qui se traduit mieux en français par « coup de pouce ». Cette méthode d'influence théorisée aux États-Unis par Richard Thaler, prix Nobel d'économie en 2017, et le juriste Cass Sunstein[1] s'inspire des neurosciences, de la psychologie cognitive et de l'économie comportementale. Objectif : en finir avec les comportements humains irrationnels. Mais comme personne ne veut qu'on lui dise quoi faire et encore moins qu'on l'y contraigne, il s'agit de lui faire prendre les « bonnes » décisions sans avoir l'air de le forcer. Du pur paternalisme libertarien. L'exemple le plus connu est le nudge de la mouche dans les urinoirs pour mieux faire respecter la propreté des lieux. Avec ce sticker, le fond de la cuvette est naturellement visé et les dépenses de nettoyage

---

1. « Nudge. Improving Decisions about Health, Wealth, and Happiness », New Haven, Yale University Press Publisher, 2008.

considérablement réduites. Évidemment, aucun utilisateur dudit urinoir ne sait qu'il est « nudgé ».

En France, au début de la pandémie, le service d'information de Matignon a fait appel à la société de conseil BVA pour concevoir des nudges et les décliner dans sa communication numérique. En est un le texto du gouvernement appelant à télécharger l'application TousAntiCovid tout en précisant bien que « 10 millions de Français l'utilisent déjà ». Faire changer un comportement sans que l'individu s'en rende compte, cela s'appelle de la manipulation, qu'elle soit douce ou pas. Et si, comme l'assurent leurs concepteurs, les « coups de pouce » sont mis en œuvre afin de nous faire prendre de meilleures décisions pour notre bien-être ou pour la collectivité, ils pourraient servir à d'autres fins.

Le monde numérique utilise des nudges, sans que nous en ayons conscience. C'est par exemple la petite phrase en rouge qui, sur le site de réservation en ligne, vous informe que plusieurs autres personnes sont intéressées par l'offre que vous êtes en train de regarder, vous incitant à dégainer votre carte de crédit. Les nudges sont bien sûr déjà dans les objets connectés. La montre qui affiche sur son cadran « bougez ! » au bout d'une heure d'inactivité, ou iBag développé par une société de crédit australienne comme « une solution à vos problèmes d'endettement ». Ce sac à main « intelligent » se ferme quand vous passez près de vos magasins préférés et que votre compte bancaire est à découvert. Pour votre bien…

Avec les agents conversationnels, les fameux chatbots, on franchit un pas de plus. Parce qu'ils nous parlent, Google Home ou Alexa d'Amazon apportent une dimension affective à l'interaction, renforçant encore plus l'influence. « Ces systèmes peuvent être conçus pour nous soutirer des données privées dans notre intimité ou encore pour nous inciter à faire des actions ou à prendre des décisions que nous ne souhaitions pas[1] », prévient la chercheuse Laurence Devillers, professeure en informatique et intelligence artificielle à Sorbonne Université, qui travaille notamment sur les interactions parlées avec des robots. Et d'en tirer les conséquences : « Une voix pourrait vous inciter à faire plus de sport, à manger moins, à être plus attentif, à acheter une crème antirides, à voter pour untel... » Et que dire des algorithmes de traitement du langage naturel, « LaMDA » dans le jargon, capables d'entretenir une conversation longue sans déraper, et même de donner l'illusion qu'ils ont une conscience de soi. Google et consorts affirment encadrer strictement ces nouvelles IA, pourtant gare à celui qui voudrait jouer le lanceur d'alerte. En juin dernier, un ingénieur de Google qui avait confié son trouble au *Washington Post* après avoir conversé avec le dernier algorithme de ce genre conçu par la firme s'est

1. Laurence Devillers, « Le nudge des machines affectives », *in* le blog de *L'Usine nouvelle*, 26 août 2019. Elle est aussi l'auteure de *Des robots et des hommes*, Plon, 2017.

fait illico licencier. L'entreprise a indiqué qu'il avait enfreint sa politique de sécurité. Comme le rappelle le philosophe et physicien Alexei Grinbaum[1], le Comité national pilote d'éthique du numérique estime que les chatbots devraient être classés dans la future directive européenne parmi les systèmes d'IA à haut risque.

Vous vous en doutez, ces systèmes ne sont pour l'instant ni évalués ni contrôlés, mais ils participent à la mise en place d'une police du comportement. Certaines assurances automobiles utilisent déjà les données en provenance des objets connectés pour calculer le profil de risque de leurs assurés. Des boîtiers connectés enregistrent la façon de conduire (tranquille ou nerveuse), les dépassements de vitesse, etc. L'automobiliste paiera plus ou moins cher selon son comportement, de – 50 % à + 10 %. Un modèle qui peut

1. Voir l'entretien avec Alexei Grinbaum. Propos recueillis par Laure Belot et David Larousserie, « L'intelligence artificielle fait bouger la frontière entre humain et non humain », *Le Monde*, 23 août 2020.

s'appliquer à l'assurance habitation. En attendant, l'Europe a voté la mise en place dès mai 2022 dans les voitures neuves, d'un enregistreur de données capable de récolter les paramètres de conduite. Le boîtier emmagasinera, par tranches de cinq secondes, avant et après un accident, la vitesse, le freinage, l'angle du volant, le port de la ceinture, etc. Des informations qui serviront autant à la police qu'à la société d'assurance. Il n'est pour l'instant pas prévu que les conversations dans l'habitacle soient enregistrées…

Il est aujourd'hui difficilement contestable que le modèle de remise en question de la démocratie, de la représentativité, de l'autorité de l'État correspond parfaitement à l'esprit libertarien des initiateurs d'une révolution qui ne sera achevée que lorsque les États-nations auront disparu au profit d'un leadership mondial numérisé. S'il faut encore une preuve de cela : la relation que les GAFAM entretiennent avec l'impôt, ou plutôt la façon dont ils l'évitent, tels des trafiquants de drogue, usant de toutes les facilités – sociétés offshore et autres paradis fiscaux – et de toutes les failles de l'organisation fiscale mondiale pour réduire au maximum leur contribution au pot commun. La nature de leurs activités et la difficulté à établir leur revenu taxable par pays les aident à se soustraire à leurs obligations légales avec une morgue stupéfiante, montrant par là qu'une cupidité infinie est le seul et unique moteur d'une industrie qui creuse de façon spectaculaire le fossé entre pauvres et riches sous couvert d'un discours d'une hypocrisie tout aussi déconcertante.

L'Europe est l'un des derniers espaces démocratiques sur cette planète, quand partout l'autoritarisme et le délire populiste, appuyés par les réseaux sociaux, progressent pour consolider des régimes autoritaires. Cette abdication du libre arbitre et de l'esprit critique apparaît déjà comme une lame de fond lorsque surgit la crise sanitaire. Touchée par le virus de la Covid-19 venu de Chine, le continent européen est globalement dans un état d'impréparation, encore plus marqué au sud qu'au nord. Ce désarroi est d'autant plus fort que chacun tergiverse sur la gravité de la crise à venir. La Chine montre qu'une réaction d'autorité permet de juguler assez facilement le virus, même si des doutes sont très vite émis à propos des chiffres qu'elle communique. Mais l'Italie, l'Espagne et la France, – pays latin s'il en est –, sont tous, à des degrés variables, dans un état d'impréparation qui tient aussi au doute des politiques sur la gravité de la pandémie. En France, en particulier, on se souvient de tous les scenari catastrophe sur la prolifération du H1N1, et où rien de dramatique n'est advenu. Et puis, rien n'est plus difficile pour un système politique que de savoir comment réagir face à un virus imprévisible. Il n'empêche…

Dans les premiers temps de la crise, les Français découvrent la forte présence de professeurs de médecine et leur influence considérable – justifiée jusqu'à un certain point seulement – dans la décision publique. Les experts sont partagés, voire opposés, sur le véritable risque épidémiologique, d'où la lenteur à se mettre en action, puis par la suite, comme pour se rattraper, la surenchère dans les mesures prises. L'absence de masques, de tests et de médicaments – à part l'hydroxychloroquine, qui va entretenir le débat conspirationniste –, est aggravée par la prise de conscience que la mondialisation heureuse, avec sa course au profit facile, nous a rendus complètement démunis, puisque l'on a cessé de fabriquer masques et tests au profit notamment de la Chine. On réalise, effarés, que ces productions de première nécessité ont été transférées à un pays qu'on ne peut pas qualifier *a priori* d'ami, ce qui pose évidemment un problème de sécurité sanitaire nationale soudain révélé au grand jour et d'une façon embarrassante. Quelques chiffres suffisent à illustrer le désastre de la désindustrialisation : la France a dépensé 10,3 milliards d'euros en produits nécessaires pour lutter contre la Covid-19, dont 5,9 milliards d'euros de masques importés à 84 % de Chine…

Dans ce contexte de dénuement, alors que le virus se répand plus vite que la conviction de certains ministres de la Santé sur la gravité de la situation, on commence à comprendre que la maîtrise de la mortalité de cette pandémie se jouera essentiellement dans les services de réanimation des hôpitaux où commence à affluer en masse une population essentiellement âgée ou fragile.

L'empathie n'est pas une qualité première pour faire de la politique. Si elle est présente, c'est un plus. Mais elle ne peut diriger, seule, l'action publique, quels que soient les efforts de communication réalisés ensuite pour le faire croire. La mort de nos anciens aux portes de services de réanimation saturés serait un désastre politique et donnerait lieu à des complications pénales préjudiciables à l'avenir des personnels en place. Une seule décision se dessine, celle qui consiste à isoler les individus le plus loin possible les uns des autres pour empêcher le virus de circuler. C'est ce qu'on pourrait appeler le syndrome de la tétanie. Les autorités chinoises l'ont utilisé sans état d'âme et l'ont appliqué à une ville entière de façon drastique, d'autant plus facilement que leur régime autoritaire a la faculté d'imposer des restrictions de liberté auxquelles leur population est habituée depuis l'après-guerre. Mais pour les populations occidentales élevées au biberon de la liberté individuelle, ce qu'on appelle désormais « le confinement » est une mesure vexatoire, qui s'accompagne d'un désastre économique sans précédent depuis la Seconde Guerre mondiale. Pour des sociétés d'économie libérale, le confinement, c'est le risque de paralysie d'un appareil de production qui tournait à plein avec des perspectives d'emploi très favorables. Alors que la maladie ne touche sérieusement qu'un seul type de population, certains experts préconisent de se limiter au maintien de celle-ci en résidence surveillée. Les gouvernements s'y refusent sur des bases constitutionnelles, et aussi probablement politiques vu le poids des personnes âgées dans les élections. Ces dernières, il est vrai, sont non seulement nombreuses, mais en plus elles votent, ce que les jeunes rechignent souvent à faire. Très rapidement apparaît le spectre du confinement général, et avec lui celui de la récession volontaire, ce qui dans l'histoire de l'économie moderne n'était jamais arrivé. Rien de comparable avec les crises économiques mondiales que l'on a connues, comme la dernière en 2007-2008, l'escroquerie aux subprimes, qui avait fait basculer le monde dans une crise profonde. Seuls en étaient responsables le système financier libéral et ses excès intolérables. Mais cette fois-ci, c'est différent : on entre dans un processus d'« automutilation ». Avec le confinement généralisé plutôt que ciblé on a choisi, sans aucun débat, de sacrifier la jeunesse, au risque de compromettre son avenir en la replongeant dans un chômage dont elle croyait s'extraire, avec des dégâts collatéraux sur sa santé mentale. Au printemps 2020, 22 % des 15-24 ans en France déclarent des symptômes d'un état dépressif alors qu'ils étaient 10,1 % en 2019. Plus d'une jeune femme sur quatre et presque un jeune homme sur cinq est concerné[1]. Et

1. Voir Jean-Baptiste Hazo, Vianney Costemalle *et al.*, « Confinement du printemps 2020 : une hausse des syndromes dépressifs, surtout chez les 15-24 ans. Résultats issus de la première vague de l'enquête EpiCov et comparaison avec les enquêtes de santé européennes

tant pis si d'aucuns font remarquer que l'on n'a pas surréagi lors de certains épisodes de grippe – comme celle de Hong Kong en 1968 qui a tout de même fait 4 millions de morts dans le monde –, sans parler des canicules qui se répètent maintenant chaque été et pendant lesquelles les vieux meurent dans le silence médiatique.

C'est ici qu'émerge une question non politiquement correcte : *Faut-il repousser la mort à n'importe quel prix ?* et son corollaire *Est-ce là l'objectif ultime d'une société ?* Dans une culture où elle a été chassée du quotidien, et ne surgit plus que de façon spectaculaire, par accident, la mort est désormais vécue non plus comme inéluctable et naturelle, mais comme une injustice à combattre « quoi qu'il en coûte ». Au risque d'oublier l'importance du temps de vie en bonne santé. Personne ou si peu en parle, pourtant, si l'espérance de vie n'a fait que croître au cours des dernières décennies, cela s'est fait au prix d'une qualité

(EHIS) de 2014 et 2019 », *Études & Résultats*, DRESS, n° 1185, mars 2021.

de vie dégradée vécue par les bénéficiaires eux-mêmes comme une déchéance. Les yeux rivés sur l'âge moyen de la mortalité, devenu presque l'étalon pour mesurer le degré de civilisation, nous nous sommes accommodés de ces fins de vie qui ressemblent à des naufrages. Et le débat devient d'autant plus cuisant quand on oppose ces vies finissantes à la dynamique brisée de la jeunesse.

Les débats sont faits pour être tranchés, et en France, pays dirigé par un jeune vieux (ou un « vieux nourrisson » pour reprendre la sémantique du tao appliquée à son fondateur, Lao Tseu), Emmanuel Macron serait « symptomatique de l'émergence d'une génération de gens physiquement jeunes mais avec des phrasés, des comportements et des idées de générations qui les précèdent[1] », selon Gabriel Gaultier, dont l'agence de communication a contribué à la campagne

---

1. Delphine Le Goff, « Place aux jeunes… vieux ! », *Stratégies*, 27 juillet 2017. Article de Delphine Le Goff et entretien en encadré de Gabriel Gaultier par Delphine Le Goff. La phrase de l'entretien se trouve également citée dans l'article.

présidentielle. La décision est prise de recourir, après avis d'une communauté médicale resserrée autour d'un comité scientifique, à un confinement généralisé, autrement dit à une mise en résidence surveillée de toute la population. Tous sans contact !

Une telle décision n'aurait jamais été possible sans le niveau de digitalisation auquel est parvenue la société, et les politiques le savent. Cette digitalisation va permettre à tous les secteurs qui n'exigent pas un contact humain de peu ou prou continuer à travailler, évitant ainsi que le confinement total se résume à un black-out total de l'économie, dont on mesure très vite les conséquences financières, si colossales qu'elles ne peuvent que conduire à un endettement prodigieux des États. Une digitalisation massive des activités et un contexte de taux extrêmement bas ont rendu possible le confinement généralisé. Sans cela, l'arbitrage entre supplément de vie pour certains et effondrement économique pour tous n'aurait certainement pas eu cette issue.

La société d'avant le confinement était mobile, trop certainement en termes de CO_2, mais circuler fait partie des libertés. C'est d'ailleurs parce que le prix du carburant lui paraissait trop élevé que le mouvement des Gilets jaunes a émergé. On se déplace beaucoup en France, en particulier autour des grandes agglomérations. Dans ce pays de la rente, où l'immobilier ne cesse de grimper, les individus à revenus moyens sont éjectés des centres urbains par une force qui les éloigne de leur lieu de travail vers des habitats financièrement abordables, plus calmes, souvent individualisés, et qui prennent sur les campagnes. Ce mode de vie reste acceptable malgré la contrainte des longs déplacements aussi longtemps que le coût du carburant le permet. L'augmenter pour dissuader l'usager de prendre sa voiture – et cela au nom du réchauffement climatique – devient le prétexte à une révolution qui – c'est le propre des révolutions – fait un tour sur elle-même, mais en posant comme on l'a vu les bases d'une contestation qui continue à l'ère du digital. Se déplacer pour se rendre à son travail est fondamental, mais les loisirs le sont tout autant dans une société où chacun travaille de moins en moins. Si l'on prend le cas de la France, les adeptes des voyages lointains ont profité pendant des années de la baisse vertigineuse du prix des billets d'avion[1] et, particularité bien française, de la mobilité par le train à grande vitesse dont le réseau permet de sillonner l'Hexagone dans des conditions optimales. Notre pays a beaucoup investi pour sa mobilité, et on veut garder cette possibilité de quitter Paris à 11 heures du matin pour aller déjeuner avec sa grand-mère à Bordeaux et être de retour à 16 heures chez soi pour le goûter des enfants. Les deux obstacles de la vitesse et du prix ayant été levés, les Français sont devenus un exemple dans le monde de voyageurs impénitents, et, à l'aube de la crise sanitaire, la menace que fait peser le réchauffement climatique n'a rien changé à leurs habitudes et à ce qu'ils considèrent comme un droit acquis. Dès lors, la restriction de circulation imposée – qui

1. Du moins avant la hausse du prix du carburant qui s'est amorcée au printemps 2022.

nécessite de s'autoproduire une autorisation de déplacement dérogatoire pour un temps limité et un périmètre restreint – fait basculer de manière soudaine la population dans un film de science-fiction où elle joue le rôle principal. Mais curieusement – et toujours pour prendre l'exemple français –, le peuple de la Révolution qui défilait chaque samedi pour brûler des effigies de son président et chercher avec les forces de l'ordre un contact viril, puéril et inutile, se range à la peur et à ses contraintes. Ce civisme résulte pour une grande part du martèlement effrayant des médias en continu et des réseaux sociaux qui, loin de créer de la solidarité, alimente un sentiment d'appartenance à une tragédie en train d'écrire une histoire commune. Ainsi, chacun se souvient de l'arrêt brutal de la mobilité et de son effet sur la réapparition en ville du silence et du chant des oiseaux. D'autres tours de vis conduiront au couvre-feu, disposition inconnue de ceux qui n'ont pas vécu l'Occupation, soit la quasi-totalité de la population. Cet enfermement volontaire brutal est curieusement plutôt bien supporté par la population dans un premier temps. Il est vécu comme une pause dans la frénésie, pour ne pas dire l'hystérie, de nos modes de production et de consommation ayant conduit à un phénomène d'accélération temporelle et de dégradation de la qualité de vie. L'homme-objet respire un peu, même s'il aspire au fond de lui-même au retour d'une normalité qui le rassure. Pour beaucoup, cette parenthèse permet de faire le vide dans une vie artificiellement remplie, pour autant qu'on sache quoi lui opposer d'essentiel. Justement, l'essentiel, c'est le gouvernement qui décrète ce qui l'est et ce qui ne l'est pas. Résultat : n'est essentiel que ce qui concourt à produire. Le gendarme de nos vies a parlé, l'utilité est au-dessus de l'accessoire, exit tout ce qui relève de l'activité spirituelle ou artistique ! Le matérialisme triomphant l'est encore plus dans le confinement.

Tout aussi triomphante est l'économie digitale – qui ne s'est pas privée pour le dire : l'immobilisation générale est une aubaine parce que tous les échanges entre les êtres humains doivent désormais passer par elle. Grâce à elle...

Le télétravail d'abord. Pour être honnête, ce n'est pas en soi une nouveauté. Tous ceux qui peuvent y recourir et s'éviter ainsi des déplacements l'ont déjà pratiqué, à plus ou moins grande échelle, avec plus ou moins de tolérance, parce que regrouper les salariés dans un même lieu, c'est avant tout un mode d'exercice du pouvoir. Avoir ses troupes en surveillance, apprécier leur ponctualité, leur concentration, leur assiduité, c'est l'essence même de la hiérarchisation, qui a longtemps, particulièrement en France, primé sur l'efficacité. La passion de la réunion, spécialité française, résiste, même si on sait que le réchauffement climatique va nous conduire à repenser cette boulimie de rassemblements improductifs car souvent prétexte à ne pas décider. Quand la crise sanitaire frappe, le télétravail est donc minoritaire et peu encouragé, mais il est déjà une tendance qui se dégage en filigrane. À première vue, le télétravail est séduisant : un employé qui travaille chez lui, c'est un bureau en moins. Avec un téléphone « intelligent » et un ordinateur associé à une ligne internet, on peut travailler de n'importe où et souvent avec une plus grande efficacité. Mais cela n'est pas forcément le cas pendant un confinement, où le dérangement causé par les collègues de bureau a été, dans un premier temps, remplacé par celui des enfants casernés à la maison. Autre argument exploité par les firmes du numérique : en supprimant deux déplacements quotidiens, l'impact écologique du télétravail est significatif. À première vue seulement, car une analyse plus fine oblige à réfréner son enthousiasme : l'industrie digitale n'est pas beaucoup plus vertueuse que les industries traditionnelles polluantes. Le télétravail institué au niveau d'une société tout entière est énergivore par la consommation électrique nécessaire au fonctionnement et au refroidissement des *data centers*, ces usines de la donnée qui abritent des milliers de serveurs informatiques. À lui seul, le secteur du numérique consomme près de

10 % de la production électrique. Et la part de l'énergie engloutie par le numérique augmente de 6 % par an[1].

C'est dans ce contexte que l'économie numérique a pris la place de l'économie traditionnelle, celle du transport, sans rien changer aux émissions de CO_2, mais tout en laissant accroire que le télétravail a des effets bénéfiques sur la nature. Nous y reviendrons.

Le télétravail dessine la société du futur, où le P-DG d'une grande entreprise du CAC 40 pourra diriger ses dizaines de milliers de collaborateurs depuis sa propriété du Cantal où, sur son temps libre, il affinera son fromage localement en regardant son cheptel paître, pendant que son entreprise de BTP artificialisera des milliers d'hectares de terre. Et ce sans perdre son pouvoir sur les troupes, puisque l'économie numérique lui permettra forcément de savoir, en temps

1. D'après le rapport 2020 du Shift Project, un groupe de réflexion sur la décarbonation, c'est-à-dire la baisse d'émission de gaz à effet de serre.

réel, grâce à des systèmes de surveillance, si ses employés travaillent vraiment depuis chez eux. Un bon moyen d'échapper à cette éventualité est de ne plus être salarié, c'est-à-dire d'échanger de la liberté contre de la précarité. Le système y gagne encore, d'ailleurs il encourage de plus en plus le travailleur indépendant, pour des raisons bassement économiques, afin de transférer sur lui le coût des charges sociales et supprimer les indemnités de licenciement en fin de contrat. Avec, en haut de l'iceberg, le télétravailleur des plateformes numériques. « Aujourd'hui, sous la pression d'un intense lobbying, le législateur semble s'acharner à soustraire les plateformes du champ d'application du droit du travail. C'est un jeu très dangereux dont on ne mesure pas assez les risques. La conception des algorithmes devrait par ailleurs faire l'objet d'un débat contradictoire et même entrer dans le champ de la négociation collective[1] », prévient l'un de nos plus éminents juristes en droit social,

1. Entretien avec Alain Supiot. Propos recueillis par Stéphane Béchaux et François Desriaux, « Le contenu et

Alain Supiot, professeur émérite au Collège de France.

Sur fond de confinement généralisé, le développement du télétravail a fait exploser l'activité de l'industrie numérique, car, à l'utilisation intensive d'internet s'ajoutent les conférences en ligne qui ont pris la place des réunions internes et des rendez-vous extérieurs. Qui n'a pas fait, pour la première fois, l'expérience quasi quotidienne de ces enchaînements de « conf' » sur Zoom, Teams ou autre « solution d'optimisation du travail à domicile » que les GAFAM avaient déjà sur leurs étagères et qu'ils se sont empressés d'offrir aux « nouveaux télétravailleurs » pour qu'ils s'adaptent à la situation. Même les pots de départ, rituels désuets mais rituels quand même parce que rythmant la vie d'une entreprise, se sont transformés en messages électroniques se désolant de ne pouvoir se dire au revoir « pour de vrai ».

---

le sens du travail sont des exigences de justice sociale », *Santé & Travail*, janvier 2021.

Ces visioconférences, à longueur de journée, ont appauvri la relation à l'autre. Voir le visage de son interlocuteur ne suffit pas, il manque la proximité. C'est elle qui révèle parfois ce qui voudrait rester caché. Et mentir devant un écran ce n'est pas comme mentir face à une personne physiquement présente.

Toutes les conséquences du télétravail n'ont pas été encore mesurées, comme c'est le cas quand la technique précède la volonté consciente d'une société en excluant toute réflexion préalable. Le progrès, cette impulsion incontestable, s'exprime par des mécanismes de marché qui s'imposent avant toute contestation possible. Parce que le télétravail concerne massivement des emplois qualifiés, qu'est-ce qui empêcherait une entreprise française d'utiliser des ingénieurs indiens qui travailleraient depuis chez eux et qui, à qualification égale et parfois supérieure, produiraient le même résultat pour un coup moindre ? Qui n'a pas déjà expérimenté ces propositions commerciales ou ces enquêtes de satisfaction réalisées au téléphone par des salariés externalisés de l'autre côté de la Méditerranée ? Si le regroupement physique se révèle inutile dans bien des domaines, le risque d'une délocalisation accélérée de la matière grise va augmenter, après l'expérimentation de celle des biens pour le résultat que l'on sait. La crise de la Covid-19 nous a appris qu'on ne produisait plus ni masques, ni tests, et qu'une part non négligeable de nos médicaments provenait maintenant de laboratoires chinois.

Le télétravail conduisait de toute façon à prendre cette direction, et le confinement n'a fait que desserrer les freins qui auraient pu en retarder l'échéance. Mais là où il agit pernicieusement, c'est en brisant les barrières légales et psychologiques du temps de travail. La notion de week-end et de vacances s'estompe progressivement au profit d'une disponibilité permanente à laquelle nous avons déjà été préparés par l'omniprésence du smartphone, avec sa tyrannie qui commence tôt le matin et s'achève tard le soir, sans compter ceux qui vous bombardent de textos ou de courriels en pleine nuit en s'imaginant que votre téléphone est éteint. Il est loin le temps où le père d'un des auteurs, voyant son fils se précipiter pour répondre à la sonnerie d'un téléphone en bakélite, lui lançait : « Ah ! je vois, j'ai donc fait un domestique ; on te sonne, tu accours. » Une telle remarque aujourd'hui serait jugée incongrue. La barrière entre loisir et temps de travail s'estompe progressivement au profit du seul travail, dont la durée devient impossible à quantifier, puisque peu importe le temps passé du moment que l'on remplit l'objectif. Un état d'esprit plus ou moins marqué selon les employeurs, ce qui ne fera que creuser les disparités entre les entreprises d'un même pays. Comme le relève encore Alain Supiot : « Depuis cette époque [celle de la révolution industrielle qui avait cassé les rythmes de la vie humaine qu'imposait la nature], la mission du droit du travail a consisté à établir des règles de concordance des temps, qui prennent en compte la vie hors travail, qu'elle soit sociale ou familiale. Il n'est pas concevable que le télétravail prospère en dehors de ce cadre, de ces contraintes. » Et pourtant.

Moins attendue a été la façon dont les enfants ont été propulsés dans le monde digital. Le virus, en fermant les écoles, a institué un télé-enseignement, là aussi sous forme de vidéoconférences, qui a eu pour objet d'immobiliser et de distancier les enfants de leurs enseignants et les enfants entre eux, dessinant une tendance forte qui devrait être celle du futur, grâce à une présence renforcée de l'IA : la suppression pure et simple des enseignants. Car il y a dans l'intelligence artificielle l'idée d'une perfection de la machine *versus* une imperfection de l'individu. Il est fondamental de s'arrêter sur cette question, car elle va bouleverser la société dans les années à venir. On sait aujourd'hui, avec le recul nécessaire, que confier un avion à un pilote automatique est beaucoup plus sûr statistiquement que de le confier à un pilote et à son copilote. L'intervention humaine est toujours plus risquée que la machine, pour la simple raison que la machine synthétise toutes les actions de l'homme dans une globalité en éliminant les faiblesses individuelles. On se souvient de l'atterrissage en manuel d'un airbus A 340 à Toronto le 2 août 2005, et qui avait fini en flammes en bout de piste. La cause ? Un violent orage, une piste inondée, un pilote et un copilote qui tergiversent quant à poser l'avion ou non, et quand le pilote impose sa décision de le faire, c'est douze secondes trop tard, l'avion n'a plus la distance nécessaire pour s'arrêter.

Une partie croissante du métro parisien ne recourt plus à l'humain. Plus la responsabilité du conducteur est importante, plus on cherche à l'éliminer du jeu. Et il en sera de même demain pour la conduite des voitures confiée à l'intelligence artificielle. Cette synthèse humaine de l'intelligence, concentrée dans un robot, a l'avantage incontestable, dans ce genre de situation, de nous débarrasser de notre subjectivité, de notre agressivité, de notre arrogance, de notre violence, et de bien d'autres de nos défauts. Nombreux sont ceux qui crient au scandale, sans comprendre que, dans une société où l'on est obligé de mettre des ralentisseurs devant une école parce qu'une partie des conducteurs n'a pas la présence d'esprit de ralentir à proximité d'enfants, il est logique de se ruer sur la machine pour écarter ce type d'individus. Mais cela ne doit pas nous rendre aveugles pour autant sur les effets pervers de cette logique du « zéro risque » permise par l'éviction de l'humain.

Le développement de l'IA ne va pas affecter que les transports, toujours selon le même principe de fiabilité qui lui est favorable face au risque de défaillance de l'individu. Il y a fort à parier qu'on en viendra progressivement à un enseignement tutoriel par robot, pas tout de suite mais dans les prochaines décennies, quand la machine aura fait la preuve de sa capacité à arriver aux mêmes résultats que l'enseignant humain tout en évitant ses inconvénients. Face à la montée du communautarisme, au dénigrement de l'autorité et à la perte de respect à l'égard du « maître », de nombreux enseignants trouvent que la difficulté de leur tâche ne fait que s'amplifier sans contrepartie. Malgré leur bonne volonté, la qualité de l'enseignement se dégrade, et tous constatent que l'école joue de moins en moins le rôle de promotion sociale qui était le sien autrefois. Il faut avoir enseigné dans certaines zones de la République pour imaginer le sacerdoce que cela requiert de se lever tous les matins pour subir, dans un brouhaha obsédant, le spectacle d'élèves qui se rangent par communautés, et dont une partie n'est là que pour faire acte de présence. L'un des auteurs l'a vécu à travers l'expérience de son épouse, enseignante en Seine-Saint-Denis.

Ce n'est pas révéler un secret de dire que les professeurs sont frappés d'absentéisme, dû à la lassitude et parfois à la dépression. Quant aux élèves, beaucoup ne prennent plus la peine de se lever le matin pour rejoindre leur école, par peur de l'ennui lié à certains cours, mais aussi par peur des conflits de bandes ou du harcèlement ; et pour beaucoup, la perspective de l'école est même un cauchemar. Au passage, si la violence et le harcèlement entre camarades de classe ne sont pas nouveaux, les réseaux sociaux ont amplifié ces deux phénomènes et en ont aggravé les conséquences. On parle désormais de « cyberharcèlement », et on ne compte plus les agressions parfois mortelles entre jeunes dans lesquelles un réseau social a joué un rôle. Même s'ils en déplorent les effets collatéraux, le propos violent, la polémique et le scandale dopent l'activité en ligne des Facebook et autres, pour leur plus grand bonheur économique. C'est pourquoi les réseaux sociaux ne sont pas des lieux d'éducation, de formation, de solidarité, ni même des agoras où l'on vient débattre, mais des caisses de résonance, voire des arènes. Il existe un marché de l'invective.

Les réseaux sociaux ne donnent pas à voir l'esprit de Montaigne, fait de mesure, d'analyse, de réflexion, de pondération. Ils favorisent au contraire l'instantanéité, la paranoïa complotiste, la haine ordinaire, l'absence de réflexion, l'addiction, et montrent en ce sens une régression humaine plutôt qu'un progrès.

Face à ce constat, on peut penser que le modèle d'enseignement consistant à planter un professeur devant une classe de trente élèves est comateux. Et qu'il soit remplacé par des cours magistraux dispensés par l'intelligence artificielle ne serait finalement pas si mal que ça. Ainsi, chaque élève, depuis chez lui ou un espace dédié, pourrait, devant un écran, se voir dispenser des connaissances de base qui seraient ensuite confrontées à la réalité par un directeur de travaux dirigés. Un modèle qui aurait l'avantage de limiter le nombre d'heures de transport pour se rendre en cours et la concentration des étudiants dans un même lieu – qui fait souvent de la discipline la question prioritaire. L'enseignement tutoriel par robot obligerait aussi l'élève à émettre des réponses, et donc à agir, *versus* la passivité du cours magistral.

Certes, ce serait la fuite en avant vers le tout-virtuel, mais nous en sommes coutumiers, et puis, plus une administration est lourde, plus elle est conflictuelle, et plus elle a tendance à la lâcheté. Pour pousser ce raisonnement au bout, on peut même imaginer que si le professeur Samuel Paty avait enseigné la liberté d'expression à ses élèves dans l'anonymat derrière un écran, ou avait confié cette mission à un robot tutoriel, il n'aurait peut-être pas perdu la vie... Quand l'intolérance monte, comme c'est le cas aujourd'hui, la distance est alors considérée comme une solution, mais ne nous leurrons pas : elle ne fait que soigner le symptôme d'une société malade, et en aucun cas la cause de la maladie.

Et puis, bien entendu, la logique budgétaire et financière n'est jamais loin. Réduire de moitié le nombre d'enseignants en ne leur confiant, par exemple, que des travaux dirigés, pour les remplacer par des machines proportionnellement moins coûteuses, et évidemment plus dociles, est tentant. Il y a fort à parier que l'avenir de l'enseignement sera l'immobilité et la distance. Le sans-contact[1].

Une évolution dans ce sens semble présenter de nombreux avantages pour les enseignants. Il en irait tout autrement pour les élèves. On sait que ce qui nous forge, c'est l'altérité. Sans altérité, c'est le repli sur soi, qui favorise les attitudes délirantes dont on sait qu'elles peuvent conduire à diverses formes de psychose, comme la paranoïa, déjà largement présente sur internet. On imagine alors aisément l'élève, étudiant en grande partie depuis chez lui et passant le reste de son temps sur des réseaux soi-disant sociaux et des jeux en réseau, illusion de construire quelque chose ensemble. Pour les élèves plus doués, l'avantage apparent serait évidemment de progresser dans leur formation sans perdre ce temps précieux consommé par du chahut et des bavardages dans des classes de moins

1. Voir Véronique Bouzou, « Le jour où les robots prendront la place des profs… », *Les Échos*, 27 octobre 2017.

en moins maîtrisées par des enseignants fatigués. On le voit, la pandémie nous a donné un aperçu de la société future voulue par ses promoteurs, où l'autre considéré comme une gêne ou un encombrement s'éloigne, prend cette distance qui permet de ne jamais le subir.

Les ressorts de l'industrie digitale sont beaucoup plus simples qu'on ne l'imagine. Ils consistent essentiellement à collecter des données, à les « raffiner », à les ordonner, à les traiter par des algorithmes, pour proposer des services automatisés et personnalisés, et faire de l'individu une cible publicitaire toujours plus précise afin de lui vendre toujours plus. Cette connaissance poussée de chacun d'entre nous sert aussi à connaître nos convictions politiques, voire à les anticiper.

L'écran est le vecteur de tout cela. Téléphone intelligent, ordinateur, tablette, console de jeux, bientôt casque de réalité virtuelle, des écrans, toujours plus d'écrans, en particulier pour les enfants. En démultipliant nos temps d'écrans, la révolution du numérique a amplifié notre dépendance à eux. Dans nos sociétés de plus en plus matérialistes, produisant de moins en moins de sens, où l'enrichissement intérieur vaut moins qu'enrichir son compte en banque, l'addiction aux écrans permet de surmonter la peur du vide, de ne pas être confronté à soi-même. Une forme d'autoprotection maladive. Selon les psychanalystes, l'addiction est en effet une névrose obsessionnelle agissant comme un rempart contre la dépression.

Comme les cigarettiers avec l'ammoniaque, ou l'industrie de la malbouffe avec le sucre et le sel, les GAFAM ont recours aux neurosciences pour nous rendre toujours plus dépendants. Instagram (aujourd'hui aux mains de Facebook), YouTube (propriété de Google) ou Snapchat (encore indépendant) disposent d'équipes de recherche en neurosciences, en psychologie sociale et comportementale, dont la mission est de concevoir des fonctionnalités toujours plus addictives. Ainsi, ces « notifications » sonnantes ou vibrantes qui informent de l'arrivée du moindre mail, du moindre message WhatsApp, ou bien d'une nouvelle interaction sur Twitter, fonctionnent comme des stimuli qui mobilisent l'attention d'un cerveau humain ultrasensible aux signaux faibles, parce que détecter le moindre bruit ou mouvement lui a autrefois permis de survivre dans un environnement hostile. Ce qui explique sans doute pourquoi près de sept Français sur dix acceptent de recevoir des notifications au moment d'installer une appli[1].

Dans la même veine, on trouve aussi le fameux FOMO, pour « Fear Of Missing Out », la peur d'être passé à côté d'une information importante, que notre cerveau interprète automatiquement comme importante pour la survie. Le « dernier article en stock », cet appât bien connu du commerce, est aujourd'hui exploité de manière scientifique par les géants du numérique, comme l'ont notamment avoué des « repentis » tel

1. Selon le baromètre de juin 2018 des notifications push pour apps mobiles.

l'ancien président de Facebook Sean Parker[1], ou encore Loren Brichter, un ex-codeur de Twitter. D'où ce type de message que vous recevez à chaque fois que vous activez votre appli : « Ce que vous avez manqué depuis votre dernière connexion », ou ces photos disponibles seulement quelques instants que vous risquez de manquer si vous vous n'êtes pas connecté en permanence[2].

Les « *like* » ou le baromètre des « *followers* » qui grimpe ou descend fonctionnent sur les réseaux sociaux comme autant d'aimants à attention, sur le principe du « don/contre-don » énoncé par l'anthropologue français Marcel Mauss. On approuve les

1. Ana Benabs, « Sean Parker, l'ancien président de Facebook, balance sur les dangers du réseau social », France24 ; https://www.france24.com/fr/20171110-sean-parker-lancien-president-facebook-balance-dangers-reseau-social

2. Voir Julia Lemarchand, Juliette Vilrobe, « Pourquoi il faut résister à l'avalanche de notifications », Les *Échos*, 17 avril 2020. Voir Hervé Monier, « Réseaux sociaux et plateformes : après des années de manipulation cognitive, vers une écologie de l'attention ? », *BrandNewsBlog.com*, 6 mai 2018.

publications de ses amis – c'est le don – et on guette les réactions à ses propres contenus – le contre-don. Cette quête perpétuelle de récompense est conçue pour entretenir l'angoisse du manque. Parmi les applications les plus utilisées par les adolescents, Snapchat dote d'une flamme les comptes les plus actifs, et la pression est si forte pour conserver ses flammes que nombre d'utilisateurs sont en permanence actifs sur leur appli.

Une autre appétence biologique habilement exploitée est « l'effet Zeigarnik », du nom de la psychologue russe qui l'a théorisée en 1929 : notre cerveau a du mal à résister à la tentation d'achever une tâche une fois qu'il l'a commencée. Cela tombe bien, avec l'enchaînement quasi automatique des vidéos sur YouTube basé sur nos choix précédents, le temps d'écran ne peut plus avoir de fin puisque la tâche que doit accomplir le cerveau, ce visionnage aléatoire, est sans fin. Pendant le confinement, l'utilisation des réseaux sociaux et le temps consacré aux écrans a augmenté, et au sortir, un Français sur trois s'est déclaré « dépendant[1] ». La vidéo est devenue le format le plus consommé sur le web : elle représentait 84 % du trafic mondial en 2020, soit 95 fois ce qu'il était en 2005 ! Comme s'enthousiasme auprès de ses clients une agence spécialisée dans la transformation digitale, « les internautes actuels deviennent feignants et s'ils ont le choix, ils préféreront nettement regarder un contenu audiovisuel plutôt que de lire un texte ! C'est là tout l'intérêt d'utiliser des contenus audiovisuels ; ils ont une très forte *capacité à attirer, retenir et générer de l'engagement*[2]. »

Toutes les applications proposent désormais des vidéos, même LinkedIn, le réseau social à usage professionnel, sans parler évidemment de TikTok, l'application chinoise de partage de vidéos, au demi-milliard

1. Valentin Cimino, « Avec le confinement l'utilisation des réseaux sociaux augmente de 61 % », SiecleDigital.fr, 27 mars 2020.
2. Agence MO&JO, « L'importance du contenu vidéo sur les réseaux sociaux ». La partie ici en italique (en gras dans le texte) se trouve dans nombre de sites internet de marketing et de production audiovisuelle.

d'utilisateurs mensuels, essentiellement des moins de 20 ans.

Toutes ces applications augmentent la production de dopamine, la molécule responsable du plaisir et de la motivation, bien connue des addictologues puisqu'elle se retrouve dans la dépendance à l'alcool, la drogue ou le jeu. Et les ados sont d'autant plus susceptibles de devenir accros aux écrans que la partie du cerveau qui permet de réguler les émotions n'atteint pas sa maturité avant l'âge de 20 ans. Avec TikTok et son défilement infini de courtes vidéos sur tout et n'importe quoi, l'interaction avec l'autre n'est plus qu'une option, et la dépendance à l'écran est au maximum. Habituer des enfants à l'intermédiation permanente des écrans, c'est les préparer à la névrose obsessionnelle, avec un risque évident de sombrer, on l'a dit, dans la psychose par paranoïa et perte de l'altérité. Or c'est l'autre qui nous façonne, qui nous donne les limites de notre territoire physique et mental. Nier son existence, sa présence et son influence, c'est commencer à entrer dans un univers psychotique.

Mais extraire les enfants de l'enfermement digital se révèle pour les adultes une épuisante nage à contre-courant. La révolution numérique casse la transmission. Elle souffle aux enfants les questions et leur propose les réponses. Les parents n'ont plus le temps de suivre, de comprendre ce qui est en train de se passer. Les conséquences de l'invasion numérique ne s'arrêtent pas là. Les plus grands médecins spécialistes d'ophtalmologie ne cessent d'alerter les autorités sur l'augmentation dramatique de la myopie chez les enfants, liée au temps passé sur des écrans souvent trop petits, comme de regarder une série entière sur un smartphone. Tandis que l'intelligence artificielle est en plein développement, l'intelligence humaine régresse, et les scientifiques constatent les dégâts de ces sollicitations cognitives incessantes qui tendent à faire de nous des crétins numériques, influençables, manipulables. Tout cela orchestré par des algorithmes ultrasophistiqués capables d'auto-apprendre, dont le fonctionnement échappe même à leurs créateurs. Une addiction au numérique dont les autorités chinoises ont parfaitement saisi le danger. Le pays, qui mise sur sa matière grise pour surpasser technologiquement les États-Unis, a pris des mesures pour préserver sa jeunesse de l'abus d'écrans. La loi de protection des mineurs, révisée en 2021, limite pour les ados l'usage des jeux vidéo en ligne à trois heures, et uniquement le week-end. Quant à l'application TikTok, elle est carrément interdite aux moins de 14 ans au-delà de quarante minutes par jour.

Alors que, depuis la crise de la Covid-19 et la guerre en Ukraine, l'économie mondiale marque le pas, les GAFAM prospèrent, imperméables aux critiques. Trente-huit ans après son introduction en Bourse, Apple a franchi la barre des 3 000 milliards de dollars de capitalisation boursière ! Derrière, Google, Amazon et Microsoft affichent plus de 1 000 milliards, talonnées par Facebook à 960 milliards. La somme des capitalisations boursières de ces cinq multinationales dépasse désormais le PIB du Japon !

Un des tours de force de la croissance numérique a été d'éloigner les individus les uns des autres, tout en leur donnant le sentiment de les rapprocher. Pourquoi ? Parce que la société vient de basculer dans le tout-écran. Durant un confinement, la communication entre les individus s'amplifie considérablement. L'anxiété liée à la situation provoque une hausse spectaculaire des Tweets, des re-Tweets, des SMS, des e-mails, des posts repostés, un véritable délire de communication le plus souvent sans objet ni fondement. Il est incontestable que pouvoir communiquer à tout moment avec son conjoint ou sa conjointe, avec ses enfants ou ses vieux parents, quand ils sont éloignés, est un progrès. Comme il est incontestable que l'obsession de vos enfants à communiquer en votre présence avec des individus qui, eux, sont ailleurs, est une régression. Pendant le confinement, cette tendance aussi s'est affirmée. Certaines personnes ont envoyé plus d'un millier de SMS quotidiens, allant d'histoires drôles qui circulent sur le Net aux analyses à chaud de la situation sanitaire, jusqu'aux théories du complot, bref, tout et n'importe quoi du moment que l'on manifeste sa présence, son témoignage personnel d'un événement sans précédent, en l'occurrence la mise sous clé d'une grande partie de l'humanité. Ce comportement névrotique, l'industrie digitale en fait son miel. L'incontinence de l'impulsion crée du chiffre.

Entre l'envoi compulsif des SMS et le travail de la journée, il faut aussi se distraire. Et là, les chiffres qui sont sortis sur les loisirs des confinés sont parlants. En premier lieu, on trouve les jeux vidéo, une addiction à part entière. En seconde position, la consultation des sites pornographiques, qui ne l'est pas moins. Viennent ensuite les séries sur les différentes plateformes. C'est le grand chelem pour l'industrie numérique. Les divertissements traditionnels comme la lecture, les jeux en famille sont très loin derrière dans le classement des occupations des confinés.

Les jeux vidéo n'ont pas attendu la Covid-19 et le confinement pour se développer de façon vertigineuse. Divertissements majoritairement masculins, ils sont proactifs, autorisent toutes les violences symboliques, et se pratiquent souvent en réseau, conduisant des adolescents à passer des nuits entières à jouer dans le dos de leurs parents. Ces jeux sans argent créent une addiction au même titre que ceux d'argent en ligne.

Les sites pornographiques sont une partie du traitement des relations amoureuses et sexuelles assuré par l'industrie numérique. Avec un poids économique comparable à celui de l'aéronautique avant la crise, la pornographie a profité de la digitalisation pour se développer comme peu d'autres secteurs. Même les barrières morales de la société américaine n'ont pas résisté à l'afflux d'argent. Ceux qui se veulent la conscience morale du monde, qui jurent sans cesse sur la Bible, n'ont pas été longs à arbitrer entre pudibonderie et espérance de richesse. Finie, la prévention des Évangiles. En deux clics, une gamme aussi diversifiée que codifiée, pour ne pas dire normalisée, de comportements sexuels sans filtre est proposée aux internautes, avec ce slogan inoubliable lors du confinement : « Masturbez-vous devant nos sites, vous serez en sécurité ». Immobilité, distance. Les deux sont respectées, s'y ajoute le spectacle de la dégradation des femmes, une constante dans bien des déviances. Pratiquées entre adultes consentants, elles ne concernent qu'eux, mais donnent aux adolescents une image fortement dégradée de la sexualité. Et la vérité, c'est que les ados comme les enfants accèdent sans difficulté à des pratiques auxquelles ils ne sont pas préparés. L'addiction à ces sites pornographiques est devenue une des premières grandes dépendances de la société, favorisée par l'anonymat, la facilité d'accès, et, évidemment, la gratuité. Sa part dans l'utilisation chez les internautes de leur temps disponible ne fait qu'augmenter, et la crise sanitaire a favorisé un élan de consultation de sites pornographiques sans précédent. Il tient évidemment à l'obligation d'immobilité et de distance, qui renvoie les individus isolés à leur solitude sexuelle et à une représentation de la sexualité en remplacement de son usage. Cette addiction accrue pendant le confinement n'a aucune raison de faiblir après celui-ci.

On l'a dit, la révolution numérique tend à supprimer l'aléa, c'est-à-dire le hasard, dont on a compris qu'il angoisse plus qu'il ne rassure. Pendant longtemps les histoires d'amour ont été laissées à la providence. On comptait sur elle pour nous révéler l'âme sœur au détour d'un métro, d'un train, d'un croisement de regards dans la rue, dans un restaurant, un bar, une soirée, un dîner. Les occasions ne manquaient pas, mais elles étaient incertaines. De plus, la société a évolué et après les avoir réunis à l'époque moderne, elle a de nouveau séparé la sexualité de l'amour. Évidemment, le numérique a saisi l'aubaine. Les sites de rencontre pullulent, et la grande tendance qui se dégage est aux relations sexuelles courtes, efficaces, discrètes, et toujours – mais apparemment seulement – gratuites.

Chacun peut dès aujourd'hui se promener dans une surface commerciale et se faire notifier les cibles potentielles, hommes ou femmes, susceptibles de coller à ses critères pour une mise en relation rapide, sans préliminaires. Le simple échange de regards est même devenu inutile, voire à risque, puisque la société considère aujourd'hui que le regard qu'un individu pose sur un autre est une agression, particulièrement quand il s'agit d'un homme qui regarde avec insistance une femme. Aux États-Unis, dans les ascenseurs des grandes entreprises, les hommes ont pris l'habitude d'entrer en fixant leurs chaussures pour éviter tout malentendu. Si le harcèlement est une réalité, le voir partout conduit à rigidifier à l'excès, voire à exclure, les relations entre personnes de sexe différent. Cette obsession du zéro risque, où les individus vivent leur vie comme sur des rails, sans jamais dévier – le grand ordonnateur numérique leur garantissant qu'il n'y aura pas d'erreur d'aiguillage –, tue dans l'œuf toute contestation. Annihiler le goût du risque, c'est réduire à néant toute velléité d'action. Plus fort que Big Brother ! Mais désactiver dans les cerveaux ce fameux goût du risque revient à couper le moteur de l'évolution de l'espèce humaine.

S'instaurera dès lors une peur permanente et généralisée de l'autre. Et ce d'autant plus facilement que le flot d'images numériques dans lequel nous sommes de plus en plus immergés reflète un autre forcément agressif et vindicatif, dans un monde de plus en plus violent. Un effet de loupe partiellement déconnecté de la réalité. Les sociétés occidentales sont dix fois moins violentes qu'elles ne l'étaient au XIXe siècle. C'est notamment la thèse de Steven Pinker, professeur de psychologie à Harvard, qui estime que la violence ne fait que régresser depuis les premiers temps de l'humanité, une réalité contre-intuitive car nous y sommes sans doute devenus plus sensibles.

Mais les images chocs font partie du modèle économique des réseaux, parce qu'elles font le buzz. Elles sont plus partagées que d'autres. Une effervescence qui génère une audience et des données monnayables. Les GAFAM ont fait de la peur un business. D'un côté ils l'entretiennent, l'alimentent, de l'autre ils nous offrent la surveillance généralisée comme antidote. Le 11-Septembre aura permis à l'industrie du numérique de tisser sa toile, la Covid-19 d'y emprisonner définitivement nos vies. La peur est montée d'un cran. Avec le virus, c'est l'autre, quel qu'il soit, qui constitue une menace.

On le voit déjà avec la vaccination contre la Covid-19. Au lieu de se réjouir du vaccin, une partie non négligeable de la population s'en méfie, comme d'un maléfice du complexe politico-sanitaire. Certes, on est en droit d'exercer son esprit critique et d'exiger de la transparence. L'industrie pharmaceutique n'est pas exempte de cynisme, elle l'a prouvé en de multiples occasions, mais de là à discréditer le vaccin, avancée scientifique majeure de l'humanité, il y a un pas... On comprend que la suspicion sera bientôt la règle et la confiance l'exception.

Une suspicion généralisée source d'angoisse, que l'industrie du numérique se propose de calmer avec un flot d'images apaisantes. Aussi sur les réseaux, les photos ou vidéos de chatons, souvent taguées du hashtag #*cute* (« mignon » en anglais), sont-elles plus matées que les vidéos pornos...

Toujours pour réduire nos angoisses, les algorithmes paramètrent jusqu'à la vie de couple. Remettre entre les mains du hasard le projet de fonder une famille est une erreur souvent coûteuse et traumatisante. Le divorce complique la vie des anciens conjoints et la forte proportion de ruptures affecte l'organisation de la société avec ses problèmes de logement, de gardes d'enfants, et ses conséquences psychologiques. Alors plutôt que de s'engager avec l'autre sur la base de sa subjectivité, pourquoi ne pas confier à une IA de nous trouver « la bonne » personne qui nous conviendra durablement ? Parce que l'intelligence artificielle a accès à nos vies privées et qu'elle a la possibilité d'en savoir long sur nous – depuis notre dossier médical jusqu'à nos soirées arrosées dont nous avons eu la mauvaise idée de poster des photos sur Facebook –, elle est capable de nous proposer quelqu'un d'avec qui la rupture sera improbable. De même qu'il est de plus en plus difficile de cacher quelque chose à un recruteur, il le sera tout autant lors d'une rencontre amoureuse ; et d'ailleurs, à quoi cela servirait-il, puisque tout aura été préparé pour accorder le plus parfaitement possible deux individus ? Questionner la moralité d'une telle approche de la formation d'un couple est complètement dépassé. Dépassé par la réalité. La société raréfie la possibilité de rencontres fortuites, et la chance de trouver l'âme sœur diminue du fait de la rigidification des comportements. Pourquoi sortir tous les soirs pour rencontrer la bonne personne quand une application peut vous mettre en relation, sans que vous ayez à sortir de chez vous, et sans dépenser – ou très peu –, avec une personne calibrée pour répondre durablement à vos attentes ? De fait, le contact qui prévalait jusqu'ici est différé au maximum, et les individus sont gardés de plus en plus immobiles, et le plus longtemps possible. L'industrie numérique réalise son propre rêve obsessionnel qui est de capturer notre temps disponible, de s'en approprier le maximum. Déjà, il est possible de travailler, s'amuser, discuter, consommer, commander à manger à n'importe quelle heure du jour et de la nuit sans bouger de chez soi. Reste la zone blanche du sommeil, ce temps indisponible pendant lequel on ne peut pas faire passer de message publicitaire ni vendre un service, et que les GAFAM sont bien décidés à réduire à la portion congrue. Là encore, le confinement les aura servis. Paradoxalement, la mise sous cloche du pays en 2020 n'a pas permis de dormir plus, elle a au contraire provoqué des troubles du sommeil. C'est le cas de 70 % des Français lors du premier confinement, et de 45 % d'entre eux lors du deuxième, l'impact du troisième confinement imposé à 21 millions de personnes n'ayant pas encore été calculé[1]. Des heures gagnées qui, comme on l'a vu,

1. Selon l'Institut national du sommeil et de la vigilance (INSV).

ont largement profité aux activités en ligne. Et voilà comment cet état d'insomnie que nous avions raconté dans *L'Homme nu* n'a fait que s'amplifier depuis le confinement. Récemment, un dirigeant d'une grande plateforme confessait en privé que sa priorité en terme de marketing était de convaincre les femmes de laisser leur conjoint regarder des séries jusqu'au milieu de la nuit. Une étude diligentée par ses soins lui a prouvé que les femmes, bien qu'elles-mêmes dépendantes aux séries, l'étaient dans des proportions moindres que les hommes, et que, de ce fait, elles les freinaient dans leur boulimie.

Une idée très ancienne perdure dans les esprits, selon laquelle la mécanisation, la robotisation, a été le plus grand facteur de l'émancipation de l'individu. On mesure généralement l'ampleur de cette émancipation par l'accroissement constaté depuis le début du xixe siècle de ce que l'on nomme le temps disponible. Le temps disponible est en quelque sorte le temps qui n'est pas absorbé par des impératifs que sont en particulier le sommeil et le travail, ou plus précisément le temps consacré à la subsistance. Le temps disponible est un marqueur essentiel pour distinguer l'homme de l'animal. Celui-ci, quand il ne dort pas, consacre l'essentiel de son temps à la recherche de ses moyens de subsistance. On pourrait se féliciter de cet accroissement de temps disponible chez l'homme si ce temps gagné concourait à développer son esprit critique et sa rêverie, qui ensemble favorisent la réflexion philosophique, réflexion qui est le propre de notre espèce. L'homme réfléchit et se réfléchit. On voit donc bien théoriquement l'avantage proprement humain qu'il y a à augmenter son temps disponible, qui peut permettre aussi plus d'intimité et de complicité avec sa famille et ses amis.

La société numérique, et donc l'intelligence artificielle, accélère cette marche vers plus de temps disponible en substituant pour tout type de tâches répétitives des robots capables d'une plus grande efficacité que l'individu ou la collectivité humaine. On va donc *a priori* dans le sens d'une émancipation de l'homme, sauf que l'industrie digitale voit les choses d'une autre façon, qui correspond parfaitement aux principes de l'économie de marché telle qu'elle se manifeste dans son cynisme et ses abus.

L'émergence des plateformes et des séries comme fournisseur principal de fictions n'avait pas réussi à changer complètement la donne, même s'ils ont relégué le cinéma au rang de média démodé. La Covid-19, en fermant les salles et en déportant les spectateurs sur les plateformes, s'est chargée d'accélérer la faillite d'un art qui demande de la mobilité et une certaine proximité entre les individus le temps d'une séance.

Depuis longtemps le cinéma offre un exercice de démonstration artistique dans un temps calibré, celui d'une séance qui dépasse rarement les deux heures. C'est de l'art populaire qui se vit donc collectivement. Avec la série, l'individu dans sa bulle enclenche, la plupart du temps depuis chez lui, une intrigue de 52 minutes, qu'il va retrouver cinquante fois pour celles qui couvrent plusieurs saisons. L'effet d'addiction tient au fait que les personnages deviennent familiers, plutôt rassurants, et tissent un cocon dans lequel on se laisse volontiers aller. D'un certain point de vue, la série est l'ami parfait, elle vous tient compagnie, on peut l'interrompre et la reprendre quand on le souhaite, on peut la suivre depuis n'importe quel écran, dans toutes les pièces de sa maison. Et elle peut même recréer un lien entre les membres de la famille. Surtout qu'elle vous ramène à la maison, à la famille, physiquement.

Si l'on voulait bâtir la journée standard d'un confiné chronique connecté, cela donnerait ceci :

Dès le réveil, il ou elle consulte les informations de la nuit sur son téléphone et les SMS et les e-mails qui ont profité de la pause nocturne pour s'accumuler.

Après un petit déjeuner en famille, mais où chacun est sur son téléphone à lire ce que d'autres, ailleurs, transmettent – une blague, un dessin, un stand-up improvisé, une proposition de complot –, il ou elle se met au travail derrière un autre écran, celui de son ordinateur, en alternant e-mails et visioconférences.

Puis vient le temps du déjeuner. On commande sur internet et on se fait livrer. Et tant qu'on y est, cette surpuissance illusoire du consommateur cliqueur le pousse à acheter un objet ou un vêtement, et à créer ainsi une diversion. Notre individu, masculin ou féminin, passe environ un quart d'heure à comparer les prix avant de céder à l'impulsion qui va débiter aussitôt sa carte de crédit et lui assurer une livraison à domicile « *overnight* ». Puis, il ou elle reprend le travail jusqu'en fin d'après-midi, où éventuellement il ou elle s'accorde un petit plaisir personnel en jouant à un jeu vidéo, ou consacre une pause au sport pendant laquelle sa montre connectée lui donne toutes les indications utiles sur ses performances et sa santé, basées sur les paramètres ô combien personnels (poids, âge, taille, calories absorbées, etc.) qu'il ou elle a entrés.

Au dîner, chacun reste les yeux rivés sur son téléphone entre deux bouchées, parce que c'est le moment de répondre à ses amis – les vrais et les faux –, d'exister dans le regard des autres lointains – donc au détriment des autres qui sont à côté –, bref de donner des signes de vie sociale avant de se replonger dans la série qui ne prendra fin que si sa conjointe – le plus probable – l'a décidé parce que lui se verrait bien terminer la nuit dans cette fiction qui l'emmène toujours plus loin du réel.

Et si la conjointe va se coucher avant l'heure, le connecté pourra s'offrir la consultation d'un site pornographique qui le maintiendra dans une autre illusion.

À 2 heures du matin, quand il s'est endormi avec le héros de sa série, notre confiné ne s'est même pas déconnecté une demi-heure, et pourtant les responsables de l'industrie digitale se creusent les méninges pour savoir comment s'accaparer encore plus notre temps disponible, et différer cette sentence exaspérante proférée par l'autre – souvent la conjointe –, émergeant soudain de sa propre léthargie : « Allez, ça suffit maintenant, on va se coucher. » Car dès 7 heures du matin, il faut émerger des brumes matinales.

Si elle se heurte à notre besoin minimum de sommeil, l'industrie numérique sait qu'elle peut intensifier les connections et la production de données en permanence pendant la journée.

Depuis plusieurs années, les échanges entre nos objets domestiques pouvant émettre des données en permanence se multiplient. C'est ce que l'on appelle l'internet des objets ou « IdO », une toile numérique mondiale constituée d'objets ou d'appareils pilotables à distance, à l'aide d'un ordinateur, d'un smartphone ou d'une tablette, et possédant chacun une identité numérique, ce qui les rend uniques et reconnaissables. C'est bien sûr le smartphone avec ses multiples capteurs – microphone, puce GPS, appareil photo/vidéo, gyromètre, etc. –, que nous sommes plus de 3 milliards à avoir dans notre poche ; la *smarthome*, qui combine domotique, appareils électroménagers communicants, compteurs et enceintes intelligentes ; la voiture autonome, dont on a déjà parlé ; et tous ces objets connectés, des montres aux sex-toys, en passant par la brosse à dents capable de mesurer la vitesse du mouvement de son utilisateur. Avec 9,5 milliards d'unités en 2019, le nombre d'objets « intelligents » dépasse désormais celui des habitants de la planète, et les experts estiment qu'ils seront au bas mot 50 milliards en 2025[1].

L'intérêt d'un objet connecté pour la firme qui vous l'a vendu, c'est que vous perdez le contrôle de la diffusion de vos données personnelles. Il est en effet plus difficile de désactiver une puce RFID ou un QR Code que d'éteindre un smartphone. Vous voilà transparent en permanence et à votre insu. À l'avenir, le corps fera l'objet d'une surveillance

1. Chiffres IoT Analytics.

constante pour en détecter en temps réel le moindre signe de faiblesse.

La crise sanitaire a déverrouillé l'ultime degré d'intimité qui nous restait. De la prévention des conduites à risque par la mesure de paramètres individuels de santé grâce à la panoplie de l'e-santé – débouchant sur une protection hyper individualisée et une prise en charge tarifée à laquelle s'essayent déjà certains assureurs –, on est passé au traçage potentiel de toute la population. Une « ingénierie sanitaire collective [qui] pourrait déraper vers un contrôle social assisté par l'internet des objets comme c'est le cas en Chine[1] », prévient le fondateur de D-FI Initiative & technologie, Xavier Drouet, fin observateur du secteur technologique, ajoutant : « La connaissance "intime" des individus et de leurs activités peut interférer avec le fonctionnement des démocraties en particulier par la (dé)formation des opinons publiques par un micro-ciblage de publicités politiques

1. Xavier Drouet, « L'internet des objets va-t-il tout connecter ? », Hommesetsciences.fr, 26 mai 2021.

exploitant des données comme l'assiduité au vote, la participation à *[sic]* réunions politiques ou à des manifestations syndicales, l'appartenance à telle ou telle association, etc. » De la surveillance de la santé, à celle de votre comportement social, il n'y a qu'un saut... de puce. Une chose est sûre, concluait Xavier Drouet : « L'évolution fulgurante de l'internet des objet *[sic]* et l'hyper-connexion des activités humaines a moins rapproché les individus les uns des autres qu'elle ne les a reliés aux machines pour un bénéfice matériel immédiat écorné par des menaces récurrentes. Il y a là un risque à moyen terme, de désincarnation des relations interpersonnelles et de perte qui sont les enjeux sociétaux majeurs de ces technologies extra-ordinaires *[sic]*. »

Dans les réserves de temps disponible, il ne faut évidemment pas oublier celles que procure l'accélération des connexions. Plus on télécharge vite, plus on se connecte vite, et plus on additionne les connexions dans une seule journée. La 5G promet cette accélération. En France, avant la crise de la Covid-19, elle fait encore débat entre promoteurs et détracteurs. D'un côté on sait que sans la 5G le développement des objets connectés sera difficile, tandis que de l'autre côté on s'interroge sur les conséquences environnementales et humaines de cette accélération de la connectivité. Cette idée du débat est en France reconnue par l'État qui, par ailleurs, a institué une convention, la Convention citoyenne pour le climat. Cette convention présentait un intérêt particulier, car elle semblait résulter d'abord d'une prise de conscience par le chef de l'État des enjeux climatiques, et ensuite elle montrait que, pour une fois, un président élu de la Vᵉ République avait conscience du déficit de représentativité des institutions qui l'avaient porté au pouvoir en 2017, avec au premier tour moins d'un cinquième des Français et Françaises inscrits sur les listes électorales convaincus par ses propositions. Or, bien que cette Convention citoyenne ait fait un travail remarquable, le président décide de passer outre ses recommandations et ses préventions en comparant, devant une assemblée de technophiles béats, les ennemis de la 5 G aux adeptes de la secte amish, dont on sait qu'elle refuse le progrès technologique. S'y ajoute de la part d'Emmanuel Macron une référence à la France, pays des Lumières, qui ne peut refuser le progrès. Après l'espérance démocratique, Emmanuel Macron est celui qui éteint la lumière ; et il le fait dans un contexte inespéré pour faire passer en force la 5G, celui de la crise sanitaire. L'épidémie de Covid-19 vient lui servir l'argument de la santé sur un plateau. Quoi de mieux que la prévention d'une maladie contagieuse mondiale pour convaincre des avantages d'une surveillance médicale permanente de l'individu.

Tout en donnant le sentiment d'une connivence avec l'industrie numérique, le président français apporte la confirmation qu'il n'a de convictions écologiques que lorsque sa communication politique en éprouve le besoin. On ne l'a d'ailleurs jamais entendu poser la question du développement énergivore du digital. Cette question mérite pourtant d'être posée et débattue, car elle a de fortes implications sur la transition écologique. Les besoins énergétiques de nos écrans, et surtout des serveurs et des ordinateurs qui travaillent derrière, vont largement surpasser ceux des industries traditionnelles, que le digital va remplacer. Sans compter les objets connectés qui sont tout sauf écologiques : peu recyclables, ce sont aussi des gouffres énergétiques, pourtant la 5G leur ouvre un boulevard.

On ne se trouve donc pas face à une réduction de nos besoins énergétiques, mais au contraire devant une croissance exponentielle que nous impose le traitement de données de plus en plus massives. Car non seulement il faut faire tourner des ordinateurs géants qui, à eux seuls, représentent les besoins en électricité de grandes agglomérations, mais il faut aussi les refroidir. S'imaginer que les énergies renouvelables de type solaire ou éolien pourront répondre à ce besoin exponentiel d'énergie est un doux leurre, et il semble aujourd'hui que la seule énergie qui puisse faire face à la demande mondiale sans émettre de CO_2 est le nucléaire. L'exemple des Pays-Bas est frappant. Opposés par principe aux risques de cette énergie depuis toujours, les Néerlandais sont confrontés à la montée des eaux qui les menace. Il faut pomper cette eau, et ils en sont très vite arrivés à la conclusion que la seule énergie propre capable de fournir une puissance apte à affronter celle de la mer est le nucléaire. Celui-ci, que certains rêvaient d'arrêter, devient la solution incontournable d'un monde obsédé par sa croissance, et dont le numérique assure désormais une part essentielle.

Sans y voir la moindre conspiration, mais une corrélation évidente comme seul le hasard le rend parfois possible, toutes les mesures de restriction des libertés pendant la crise de la Covid-19 ont profité à l'industrie digitale. Amazon, qui s'est substitué aux commerces de proximité dévastés par la crise grâce à sa capacité logistique à fournir n'importe qui à domicile dans un temps record, a vu son bénéfice net doubler pendant le confinement, et son chiffre d'affaires bondir de 40 % à près de 89 milliards de dollars. La firme de Jeff Bezos « apparaît comme le grand gagnant de la pandémie pour le deuxième trimestre 2020 », s'ébaubit en juillet 2020 l'AFP[1].

Ce qui est le plus choquant, ce n'est pas tant que cette crise sanitaire ait profité à une industrie émergente en détruisant un tissu économique préexistant, c'est plutôt qu'elle dessine un mode de société pérenne fondé sur la distanciation physique, donc la méfiance de l'autre devenu à la fois une menace et un encombrement.

Alors que le second confinement en France commence, un pharmacien se confie aux auteurs pour leur faire part de son expérience : plus aucune maladie hivernale

---

1. Dépêche de l'AFP du 30 juillet 2020 reprise en l'état ou commentée par de nombreux quotidiens, hebdomadaires, mensuels, français ou francophones, parmi lesquels des économiques. On peut citer par exemple *Challenges*, *Libre Eco*, *Capital*, *Le Figaro*, *Marianne*, *Le Point*, *Le Journal de Montréal*...

n'émerge. L'apothicaire, qui ne vend plus de médicaments pour les maladies qui touchent habituellement les enfants en cette saison, a le sentiment que la grippe a disparu et les gastro-entérites aussi. Bref, le tableau clinique a été remplacé par une seule pathologie : la Covid-19. De quoi en conclure que les mesures de distance et d'immobilité ont eu un véritable impact sur les maladies infectieuses. Et de là à imaginer que certaines d'entre elles pourraient être conservées après la Covid-19, il n'y a qu'un pas, que l'on peut franchir d'autant plus facilement qu'il est facile de transformer des mesures d'exception en lois durables. On l'a vu avec le terrorisme, et on le verra avec la Covid-19, et si en plus le maintien de certaines contraintes offre une perspective d'économie substantielle en matière de dépenses de santé, alors pourquoi ne pas vivre avec un masque sur le visage et du gel pour les mains tous les hivers, plutôt que de dépenser des fortunes pour des médicaments dont une bonne partie sont inefficaces et d'autres purement de confort ?...

Pourquoi également ne pas pérenniser d'autres mesures d'exception ? L'expérience du couvre-feu ayant montré jusqu'à quel point le Français est capable de docilité, on pourrait envisager que des couvre-feux soient instaurés dans des zones troublées de certaines villes comme Marseille, Toulouse, ou dans certains départements comme la Seine-Saint-Denis, quand le mécontentement bouillonne. Le traçage des contacts mis en place pour éviter la propagation du virus est évidemment la porte ouverte à un type de surveillance rendu possible par la géolocalisation des téléphones portables. C'est étonnant cette facilité que l'on a d'entrer dans un monde qui était prévu par les plus grands auteurs de science-fiction, Philip K. Dick en tête. Et pour cela, nul besoin d'un régime autoritaire, il suffit de justifications adéquates au moment opportun.

L'épidémie de Covid-19 aura été ce moment. Elle a permis d'accroître, au motif du risque sanitaire, la surveillance généralisée, autrement dit un contrôle non seulement plus étendu mais plus profond parce que plongeant au cœur de cette intimité qu'est notre santé. Sauf que prétendre régler le problème des pandémies par un flicage sanitaire est une manipulation. Plutôt que de s'attaquer aux causes et pouvoir ainsi anticiper la menace, on préfère mettre en place une surveillance répressive plus payante que la prévention. Les experts nous prédisent la multiplication des pandémies du fait du grignotage des derniers espaces sauvages qui sont aussi des réservoirs à virus ; pourtant rien n'est réellement fait par les politiques pour contrarier la prophétie. Plutôt que de traiter les causes on renforce la surveillance des symptômes, cela par manque flagrant de courage politique, quand il ne s'agit pas tout simplement de connivence avec les éco-destructeurs. Si l'on pousse cette logique absurde, on finira par mettre sous surveillance permanente tous ceux qui sont professionnellement en contact avec des animaux porteurs d'agents pathogènes transmissibles à l'homme.

Il en va des pandémies comme du terrorisme, dont on aime nous laisser croire qu'il est une fatalité soudaine, alors que les causes du mal étaient connues longtemps avant qu'elles ne déclenchent des symptômes aigus. Pour ne pas contrarier des intérêts qu'il redoute, le pouvoir politique, incapable de se projeter au-delà du terme de son mandat, investit subitement dans une rhétorique guerrière afin de mettre en scène la volonté qui lui a manqué pour prévenir la crise.

On a déclaré la guerre au terrorisme, au cancer, à la Covid-19, mais les causes fondamentales, donc lointaines, sont restées ignorées.

C'est dans les périodes de crise qu'une société montre, inconsciemment, sa vraie nature. La Covid-19 nous a ramenés à un dispositif de première nécessité. Fini le superflu, allons à l'essentiel, qui s'est trouvé, sans surprise, défini comme étant le maintien de la force de production par le télétravail. Exit l'inutile, et donc en premier l'art. Art de vivre, art culinaire, cinéma, théâtre, spectacles vivants, littérature, musées, toutes ces activités considérées comme secondaires (« non essentielles ») ont été particulièrement maltraitées pendant la crise, pendant que les magasins où l'on vend des tondeuses, des tronçonneuses et tous ces outils bruyants qui servent à faire un jardin bien propret, pour mettre de l'ordre dans l'esprit d'individus qui s'acharnent à faire payer à la nature leur inculture et leur vacuité sont restés ouverts. Au même titre d'ailleurs que la chasse, bénéficiant de priorités qui favorisent « le beauf rural à la Reiser » au détriment du bobo urbain dans une période où chacun s'observe nerveusement dans la perspective de vaincre la crise climatique.

Les industries qui vivent du contact et de la mobilité ont subi des dommages majeurs, et pour certains irréversibles. Il en va ainsi de l'automobile, du transport aérien, du transport ferroviaire, de l'industrie du voyage et des croisières, de la restauration, des arts et du spectacle. Les petits commerces et artisanats ont été ravagés.

Devant cette catastrophe, l'État français, via son ministère des Finances, a pris ses responsabilités d'une façon plutôt exemplaire, si on en juge par rapport à d'autres pays. Quand on peinait encore il y a quelques mois à trouver quelques petits milliards pour l'hôpital ou les Gilets jaunes, l'argent s'est mis à couler à flots pour submerger la panique, sous différentes formes constituant ensemble un engagement exceptionnel des finances publiques. La question qui se pose évidemment dans ce cas de figure, c'est qu'il faudra rembourser, et rien ne prouve que la croissance le permettra. Et cela est d'autant plus critique que, comme on s'emploie à le démontrer, cette croissance va essentiellement se consolider dans le secteur de l'économie digitale dont la taxation aujourd'hui repose sur une infime partie des revenus des géants du numérique qui fraudent l'impôt au nom de leurs convictions libertariennes, mais surtout au nom de l'intérêt de leurs actionnaires. Scandaleuse, cette attitude est d'autant plus dommageable que le marché seul ne suffira pas à ajuster la perte d'emploi créée par ces nouvelles technologies en attendant qu'elles en créent d'autres, et que cette conversion demandera des moyens importants.

Si on va plus loin, on peut y voir un risque de déstabilisation durable de l'Europe par le déséquilibre ainsi engendré, et donc de son modèle démocratique également mis à mal par l'idée de démocratie directe que colportent les géants du numérique, mais nous y reviendrons. Car une fois de plus, la classe politique sort de la crise encore plus dévaluée qu'elle ne l'était avant, parce qu'elle ne s'était pas préparée au pire, a trop long tâtonné pour y répondre, et montre tout simplement l'imperfection du jugement humain à l'heure de l'avènement de l'intelligence artificielle. Confier un drame de cette ampleur à une dizaine d'individus regroupés dans un conseil scientifique dont le chef a été essentiellement élu sur la base d'un dossier scolaire, flanqués d'experts scientifiques criblés de conflits d'intérêts qui se contredisent souvent quand ils ne se font pas la guerre comme on l'a vu avec la joute menée en France entre le professeur Raoult et le conseil scientifique, apparaît comme de la folie. Nul doute que l'intelligence artificielle ferait beaucoup mieux.

Il faut dire que le savoir, pour une fois, n'était pas du côté des politiques, mais des médecins, qui ont subitement envahi les écrans des chaînes en continu avec la complicité de celles-ci, trop heureuses de meubler leur temps d'antenne et de nourrir une tragédie qui finit toujours bien puisqu'elle se traduit en recettes publicitaires. Sauf que, dans le cas présent, comme on ne vend plus que des produits de première nécessité, l'intérêt de faire de la publicité pour des industries en panne ne s'impose pas, mais qu'importe, il faut garder sa part d'audience. Les médias pour le coup affichent un consensus surprenant. La menace de servir le complotisme est brandie en permanence, ce qui paralyse l'esprit critique qui suggère d'aller un peu plus profond dans la motivation des analyses des grands scientifiques qui, dans un premier temps, prennent le pouvoir sur les politiques désemparés.

Pour faire de la politique, il est bon de s'y connaître en toute chose sans jamais être expert de rien, fondement en France de la création de l'École nationale d'administration, grande pourvoyeuse des corps d'État et qui, de la haute administration, a tranquillement dérivé vers un verrouillage de la sphère politique et de la direction des grandes entreprises, publiques et privées. Depuis de Gaulle, quatre présidents sur six ont été énarques, et quasiment tous les Premiers ministres l'ont été. Ce qui induit, évidemment, un formatage dont peu d'anciens élèves parviennent à s'affranchir, tant il est le garant de leur carrière. L'ENA a sa hiérarchie propre, et n'accèdent le plus souvent à de hautes responsabilités que ceux qui appartiennent aux corps d'État les plus prestigieux. Jamais Emmanuel Macron n'aurait été élu président de la République française aussi jeune s'il n'était issu de l'ENA et de l'inspection générale des finances, qui lui ont délivré une sorte de passeport d'excellence pour gouverner. À moins de 40 ans, Macron accède au sommet de l'État sans jamais avoir eu de responsabilité locale ni d'expérience de terrain, et une bonne partie de ses difficultés viendront de cette inexpérience confrontée à un prisme fondamentalement conservateur pour un homme de son âge, et d'un décalage parfois entre sa communication politique et une absence de convictions, particulièrement dans le domaine climatique. À la France de l'Ancien Régime, l'ENA a supplanté une « méritocratie », dont les codes frisent ceux de l'ancienne aristocratie et dont les privilèges – avancement automatique, détachement, pantouflage – sont les garants d'une carrière politique sans risque de perdre ses avantages de haut fonctionnaire. L'ENA a créé des habitudes d'immobilisme, dont l'adage pourrait être : « Il y a deux façons d'être prudent : la première, c'est d'être prudent, et la seconde, c'est de ne rien faire. » Au noble prétexte de diversifier les profils de la haute fonction publique, Macron a, en avril 2021, fait disparaître l'ENA pour la remplacer par l'INSP, l'Institut national du service public. Mais quelques mois après sa création en janvier 2022, on se rend compte que la nouvelle école, désormais très ouverte au monde de l'entreprise, a moins pour mission d'en finir avec l'entre-soi que de former des « top managers » comme les aime le président de la République. De Charybde en Scylla ?

Quand la France est touchée par la crise sanitaire, elle sort de plusieurs épreuves politiques sérieuses. La crise des Gilets jaunes et la réforme des retraites montrent une césure croissante entre la classe politique et le peuple. Pour la première fois, ce dernier s'est soulevé contre le pouvoir dans un mouvement original qui s'est dispensé des syndicats, d'une véritable représentation, et qui a profité des réseaux sociaux pour s'exprimer et communiquer, encouragé en sous-main par la Russie. L'épidémie de Covid-19 éteindra provisoirement la contestation tout en offrant au jeune président l'occasion de dégainer une rhétorique guerrière. Cette sémantique de la guerre, on connaît ses avantages : c'est appeler à l'union nationale contre l'ennemi, donc à l'obéissance et à la toute-puissance de l'État. L'ennemi incontestable, c'est le rêve du régime autoritaire. S'ensuit un train de mesures exceptionnelles d'immobilité et de distanciation. La France est en guerre, désormais le collectif prime sur l'individu, les libertés sont réduites comme jamais. La contrepartie : une générosité de l'État qui contraste avec sa pingrerie quelques mois auparavant quand il fallait, par exemple, trouver de l'argent pour l'hôpital, mis à terre par une politique de réduction drastique des dépenses menée de longue date et ayant conduit à l'impréparation coupable du pays à la crise sanitaire. Devant l'ennemi commun, la maladie, les libertés reculent, et avec elles la contestation. On découvre à cette occasion un front commun entre politiques, experts médicaux, médias et réseaux sociaux pour convaincre du confinement général, en réponse, il est vrai, à l'incurie d'une administration qui n'a prévu ni masques ni tests et qui dispose d'un nombre insuffisant de lits de réanimation. Comme les politiques s'en remettent aux généraux en cas de guerre, l'État s'en remet aux médecins en les réunissant dans un conseil scientifique où siègent des professeurs, pour la plupart hospitaliers. Compétents, ils le sont, mais influençables tout autant.

Une logique s'est installée depuis des années : l'État négligeant son élite hospitalière autant que le reste de son personnel et en particulier le financement des recherches en santé, des fonctionnaires plus malins, plus désabusés ou moins scrupuleux se tournent vers des firmes pharmaceutiques qui subventionnent leurs recherches et payent généreusement leurs conférences – surtout si ce sont des pontes qui n'auront pas la mémoire oublieuse à l'égard de leurs mécènes. La reconnaissance du ventre. Pas de quoi élaborer une théorie du complot, mais l'on peut s'étonner de l'influence qui leur a été donnée dans la décision publique, car ce conseil est intervenu de façon quasi exclusive dans les médias. Et ce, sans que quiconque, journaliste compris, n'ait pensé ou osé les interroger sur leurs conflits d'intérêts avec l'industrie pharmaceutique, celle des vaccins par exemple. La précipitation est souvent l'ennemi de l'éthique en France, dont on ne se soucie que bien plus tard, *a posteriori*, en vue d'une prochaine fois.

Cette paranoïa entretenue par le goût du complot et par le manque de clarté déontologique du conseil scientifique a eu un impact évident sur la sortie de crise, sous la forme d'une crispation entre vaccinés et antivax.

C'est ce chaos que vise l'intelligence artificielle pour proposer de se substituer à cette imperfection humaine, source de suspicions et de conflits. C'est dans cette perspective qu'elle revendique l'accès à toutes les données, y compris celles protégées par le secret médical. Il serait évidemment instructif de savoir comment l'intelligence artificielle aurait géré la pandémie de la Covid-19.

Il est intéressant d'observer le chemin qu'elle trace. Les Anglo-Saxons sont les premiers à s'y adapter par un sens de la discipline collective, de la distance entre les individus, moins flagrante en Europe. Si la relation humaine est plus tactile en Chine qu'aux États-Unis, où la distance est entretenue, il n'en demeure pas moins que le pays de Xi Jinping est l'exemple le plus extrême et aussi le plus abouti d'un régime autoritaire au service d'une technologie et réciproquement. La Chine a été la première touchée par cette crise, et en instaurant dès ses premières heures un confinement drastique, elle a d'une certaine façon justifié, voire imposé, sa généralisation au reste de la planète.

Ce confinement autoritaire n'a été possible que parce l'industrie numérique l'a rendu économiquement viable et promu pour ses propres intérêts. Il faut réaliser qu'aujourd'hui, hors son propre secteur, c'est elle qui tient les clés de toute l'économie mondiale, laquelle sans internet ne peut plus fonctionner. Quand on fait minutieusement le tour des gagnants et des perdants économiques de la crise sanitaire, on ne peut pas se contenter, malgré la tentation de certains, de prendre en compte les seules considérations économiques. Il reste l'homme. Les victimes directes du virus d'abord. On cite le chiffre de six millions à l'échelle planétaire. Mais on oublie, on l'a dit, de distinguer parmi ces morts ceux qui souffraient de comorbidités, fragilisés par un mode de vie, où la malbouffe additionnée au manque d'activité physique fait le lit de l'obésité, des maladies cardiovasculaires et du diabète.

Cela concerne tous les pays, mais en priorité les États-Unis où la junk food fait des ravages. Un tiers des Américains sont désormais obèses. Cette surcharge pondérale, aggravée par l'immobilité que sécrète la société du sans-contact, a torpillé la durée de vie dans la plus grande démocratie du monde. Entre 2019 et 2020, pour la première fois depuis la Seconde Guerre mondiale, l'espérance de vie moyenne des Américains a chuté de près de deux ans. Il est évident que le virus aura trouvé outre-Atlantique un terrain propice... Avec la Covid-19, on a pris un peu plus la mesure de la fragilité de cette civilisation qui promeut une alimentation addictive parce que pleine de sucre, de sel et de mauvais gras – l'intérêt financier primant sur les considérations de santé –, et l'immobilisme promis et rendu possible par les GAFAM. Bienvenue dans la société de l'« immobésité » !

Cet effet morbide de la société du sans-contact est d'autant plus paradoxal que les promoteurs du numérique considèrent la mort comme l'échec de l'être humain. Un échec technologique. Or là où l'être humain excelle, c'est bien en technologie. Depuis le jour où l'homme préhistorique est parvenu à prolonger sa main d'un outil, *Homo sapiens* a commencé à affirmer sa suprématie sur les autres espèces. Plutôt désavantagé par la nature par rapport aux autres animaux, il s'est rattrapé avec son cerveau. Et depuis, pour faire simple, que les puristes nous pardonnent, l'histoire de l'homme s'est réduite à un développement technologique considérable, tandis que son niveau de conscience stagnait, voire se rétrécissait, grignoté par une obsession matérialiste. Ce cerveau reptilien, celui des origines, ne s'est pas modifié. Il nous a plusieurs fois menés au bord du précipice. Nous avons mobilisé notre intelligence pour inventer des armes toujours plus meurtrières et les retourner contre nous, créant des hécatombes qui dépassent l'entendement, comme celles des deux guerres mondiales, et que dire de la Shoah ! Des tueries massives menées par des nations à la pointe de la science… Notre technologie s'est développée plus vite que notre intelligence du monde et de notre place dans celui-ci. L'astrophysicien Stephen Hawking expliquait que l'un des fondements de la pulsion de destruction chez l'être humain venait en grande partie de l'écart entre l'évolution technologique, la masse des informations ingérées par l'individu et l'évolution proportionnellement très lente de son être biologique resté d'une certaine façon à l'âge de pierre.

Nous avons été incapables de résister au pouvoir destructeur de l'atome, et visiblement nous sommes tout aussi incapables de résister à la puissance inédite du silicium. De l'apocalypse nucléaire à l'apocalypse cognitive popularisée par le sociologue Gérald Bronner[1], l'horizon dessiné par le numérique ne conduit pas à un élargissement de la conscience mais plutôt à une contraction de celle-ci par sa soumission à une technologie toujours plus envahissante. Longtemps les hommes se sont rassurés de n'être que ce qu'ils sont, en vénérant Dieu. L'industrie numérique nous annonce la fin de Dieu et l'avènement de l'homme dieu, éternel. Faut-il s'en réjouir ?

Nombre des grandes figures de la Silicon Valley s'imaginent que le développement du numérique conduit inéluctabement à l'immortalité. Comment ? Selon eux, diverses solutions se dessinent. La première serait de prolonger indéfiniment la vie par le remplacement d'organes défectueux, grâce au séquençage et à la modification du génome, à la thérapie génique, à l'utilisation des cellules souches, au clonage, aux nanotechnologies, bref à tout ce qui peut empêcher notre corps de vieillir. Prévenir la maladie et réparer les

---

1. Gérald Bronner, *Apocalypse cognitive*, PUF, 2021.

vivants, tel serait le programme permettant d'allonger la vie perpétuellement. Une technologie récente, puisqu'elle date de 2012, CRISPR/Cas9, qui a valu à deux chercheuses, dont la Française Emmanuelle Charpentier, le prix Nobel de chimie en 2020, permet de faire efficacement des modifications très ciblées et transmissibles, par exemple du génome des singes, notamment en imitant un système de défense qui existe chez les bactéries.

La seconde option serait de nous séparer de notre enveloppe corporelle, et de transplanter ce qui fait notre spécificité individuelle, notre fonctionnement intellectuel et sensible, notre âme, dans une intelligence artificielle stockée dans le *cloud*, pour être elle-même transposée dans un robot – le passage du charnel au minéral assurant, avec un minimum de maintenance, une vie éternelle. À moins que nous ne continuions notre existence de manière dématérialisée, comme un pur programme informatique dopé par une IA. Quoi qu'il en soit, en finir avec l'enveloppe corporelle, considérée comme un sarcophage, est le rêve des fondateurs de Google, Sergey Brin et Larry Page, et de son responsable de l'ingénierie, Ray Kurzweil, du fondateur de Tesla, Elon Musk, ou encore de l'investisseur milliardaire Peter Thiel.

Nous en sommes loin. Nous continuons tous à mourir, même si nous avions, jusqu'à la crise sanitaire de la Covid-19, fait mine de ne pas le savoir. En évacuant la mort, la civilisation industrielle nous a évité de penser en tant qu'êtres mortels, et donc de devoir questionner notre condition humaine, le sens que nous voulons donner à notre passage sur la Terre, même s'il est éphémère. Pour paraphraser le peintre Francis Bacon : « On naît. On meurt. C'est mieux si entre les deux on a fait quelque chose. » Le matérialisme triomphant a fait tout, sauf encourager cette réflexion encombrante pour des sociétés qui considèrent leurs citoyens comme des producteurs et des consommateurs. Produire et consommer sans limites, enrichir indéfiniment, occuper l'espace, prendre des parts de marché, chercher par tous les moyens la satisfaction de notre ego, tel un Sisyphe condamné à monter au sommet de la montagne le même rocher qui redescend inexorablement. À en croire les théoriciens du système capitaliste, nous vivons pour un objectif de croissance infini, qui correspond à notre nature profonde, et toute alternative consisterait donc à dévoyer nos mécanismes de satisfaction. Il faut bien reconnaître que l'expérience communiste, qui voulait rompre cette logique, a mené au désastre, et conduit depuis la chute du mur de Berlin à répandre sur la planète un mode économique libéral dont les anciens pays communistes, la Chine et la Russie, sont désormais les promoteurs les plus zélés ! Comment ne pas penser à la formule de Samuel Beckett : « la mort, c'est toujours une opportunité » ? Pas pour soi, mais pour les autres. Ce qui reste de notre vie numérique est perché dans le *cloud*. Pour le reste, si nos impulsions frénétiques nous ont encore laissé du temps à passer avec nos enfants, il se peut qu'on leur transmettre autre chose que des biens matériels, même si l'essentiel d'une succession est matérielle.

C'est ainsi que dans nos sociétés, toute mort est souvent vécue comme une opportunité, celle d'un héritage. Pendant l'épidémie de Covid-19, nos économistes ont disserté sur l'accélération de la transmission du patrimoine. Bien sûr, à part ceux qui, par profonde détresse, ont choisi de mettre fin à leurs jours, ou ceux qui souffrent au quotidien, personne n'aime la mort. Rares sont les hommes et les femmes qui sont capables d'y faire face, et plus on se pense important, plus l'idée de disparaître est difficile à accepter. Ce qui explique au passage pourquoi les religions qui offrent un au-delà continuent de faire recette. Toutes les avancées scientifiques ne pourront rien contre la religion. Face au néant, reste la postérité. Une façon intéressante de s'octroyer un peu de vie après la mort, mais c'est une vie sans nous. Proust est-il moins mortel parce qu'il figure au panthéon de la littérature ? On peut en douter, sans parler de ceux qui n'ont pas eu la satisfaction d'imaginer que leur œuvre pourrait leur survivre. Mais l'industrie numérique a réponse à tout.

Pour calmer notre angoisse de la mort, elle génère de l'addiction. La connexion permanente occupe notre esprit afin de nous faire oublier notre finitude : un délestage bien funeste pour la condition humaine, car c'est bien ce sentiment qui permet de donner un sens à sa vie. Pour mieux nous apaiser, les GAFAM nous offrent aussi l'immortalité de nos connexions, de nos photos postées sur les réseaux sociaux, de nos opinions tweetées qui ont pu nous donner, l'espace d'un instant, le sentiment d'exister, de nous extraire de la masse, de laisser une trace. Cette obsession de la trace, on la trouve évidemment dans une nouvelle façon de voyager. Fini le temps où on se promenait, on musardait, où on essayait de saisir la différence, celle de l'étranger et du pays inconnu, du choc salutaire qui stimule l'intelligence, aujourd'hui il s'agit de prouver aux autres que l'on est ailleurs, que l'on vit une expérience meilleure que celle de tous les jours, grâce au capteur photo de notre téléphone. Alors « on Instagramme » ou « on TikToke » compulsivement ; avec cent, mille autres en même temps. On ne regarde même plus ce que l'on voit, ni les photos diffusées avec l'immodeste illusion de croire qu'elles vont intéresser nos innombrables « amis Facebook » ou nos « twittos ». Des dizaines de milliards de photos numériques sont ainsi postées chaque jour par des hommes et des femmes qui n'ont aucune conscience du bilan carbone catastrophique de ces envois qui contribuent à détruire l'environnement qu'ils viennent d'« immortaliser ». Les terminaux (écrans, télévision, smartphones, etc.) sont à l'origine de 64 % à 92 % de l'empreinte environnementale du numérique en France[1].

Ainsi la mort est devenue choquante. Contrairement aux sociétés ancestrales qui préparaient à mourir pour mieux apprendre à vivre, la nôtre a fait de la mort un épouvantail. Seules les entreprises de pompes funèbres l'abordent frontalement, avec la même candeur que n'importe quel autre marché...

---

1. Agence de l'environnement et de la maîtrise de l'énergie (ADEME), *Baromètre « Les Français et les nouvelles technologies » 2021.*

Mais la représentation de la mort prend une figure totalement différente selon qu'elle est lente ou qu'elle relève d'un long processus. En 2020, le tabac tue 73 000 personnes en France. Le chiffre ne choque pas. Pas plus que les 157 000 morts prématurées par cancer, ou les 140 000 dues aux maladies cardiovasculaires, des pathologies fortement liées à la dégradation de nos modes de vie. Depuis ces vingt dernières années, on a 65 fois plus de malchance de mourir d'une maladie cardiovasculaire que d'un accident de la route[1]. Ou encore les 9 millions de morts annuelles de la pollution, soit un décès sur six au niveau mondial, ce qui fait de la pollution le premier facteur de risque environnemental de maladie et de décès prématuré sur la planète[2]. Rien à voir, donc, avec l'effroi provoqué par le décompte des morts de la Covid-19 : 151 000 à ce jour en France. Si ce nombre est considérable

1. Pierre Meneton, *op. cit.*
2. Richard Fuller, Philip J. Landrigan *et al.*, *Pollution and Health: a Progress Update*, Lancet Planet Health, 2022, 6 : e535-47, published online May 17, 2022.

en soi, rappelons-le, l'âge moyen des morts correspond à l'espérance de vie moyenne qui est de 82 ans, et surtout, ce chiffre englobe d'autres causes de décès. Au pic de l'épidémie, la mortalité des maladies hivernales, telle la grippe qui fauche tous les ans une dizaine de milliers de personnes en France, a chuté de façon remarquable. Sorte de concurrence entre virus respiratoires ? Sauf que les médecins ont constaté la même diminution pour le diabète et les maladies cardiovasculaires. La seule explication possible est que SARS-CoV-2 n'étant ni un médicament ni un vaccin, un nombre – difficile à évaluer – de personnes en phase terminale d'autres maladies, mais testées positives à la Covid-19 à leur entrée à l'hôpital par exemple, ont été déclarées mortes de la Covid-19, et l'un des auteurs en a été directement témoin. Selon l'Institut national des études démographiques, les décès par la Covid-19 « ont frappé en partie des personnes fragiles souffrant d'autres maladies [et] une fraction d'entre elles seraient de toute façon décédées en 2020, même en l'absence d'épidémie de Covid-19[1]. »

Qu'est-ce que cela révèle ? Que la mort n'est marquante que si elle est spectaculaire, par sa forme ou par son nombre. En tuant principalement des personnes très âgées, la Covid-19 n'est en soi pas surprenante, pas suffisamment en tout cas pour enflammer les médias, mais elle l'est devenue à cause de la dramaturgie, celle du décompte quotidien à la télé, la radio, et dans la presse, et celle du nombre de morts anticipées à partir de la probable incapacité des systèmes de santé à faire face, incapacité quasi programmée, en tous les cas rendue inéluctable par les coupes budgétaires opérées par les gouvernements successifs. D'où la mobilisation de milliards jusque-là prétendus indisponibles, quand certaines maladies orphelines qui touchent des enfants doivent toujours

1. Gilles Pison et France Meslé, « France 2020 : 68 000 décès supplémentaires imputables à l'épidémie de Covid-19 », *Population & Société*, n° 587, Ined éditions, mars 2021.

attendre pour recevoir des fonds proportionnés à leur létalité.

À ne pas vouloir mourir, on en oublie de vivre. C'est évidemment ce qui a nourri la contestation de la gestion de la crise qui, pour combattre une maladie visant une tranche particulière de population, les plus âgés, a nui à la vie de toutes les autres.

D'où ces morts invisibles, ceux qui ont été victimes non pas du virus, mais des mesures déployées contre lui. Si le confinement a permis de sauver des vies sur la route, et il faut s'en féliciter, il a tué indirectement. Un exemple, parmi tant d'autres, que l'un des auteurs a vécu. Une jeune femme, appelons-la Élodie, se plaint au début du premier confinement de maux de ventre. Son médecin, consulté par vidéoconférence, la traite pour un virus commun. Passe le confinement, les douleurs sont toujours là. Le médecin décide de la voir, mais la liste d'attente est longue. Il la reçoit finalement après un certain délai, auquel s'ajoute celui du spécialiste requis, qui lui-même prescrit des examens pour lesquels un nombre inhabituel de malades attend. Lorsque, début juillet, un scanner est finalement pratiqué, on diagnostique à la jeune femme un cancer en phase terminale. Elle décède deux mois plus tard. Il serait évidemment intéressant de connaître les chiffres de la surmortalité hors Covid-19 de cette période.

Derrière son arrogance technologique, notre société est incroyablement vulnérable. Qu'en aurait-il été si la Covid-19 s'était avérée extrêmement létale en frappant toutes les classes d'âge ? Au lieu de nous faire prendre conscience de notre fragilité, cette pandémie – qui fort heureusement n'a pas viré à l'hécatombe planétaire –, nous a confortés dans notre foi aveugle en la technologie, qui nous sauvera toujours quelle que soit l'ampleur de la catastrophe. Voilà une occasion ratée de se détacher du matérialisme et de remettre l'humain au centre, d'utiliser la connaissance que notre espèce produit pour ne plus seulement fabriquer des machines toujours plus sophistiquées jusqu'à en devenir soi-disant intelligentes, mais pour redonner du sens à nos existences et retrouver notre juste place dans le monde du vivant.

Nos sociétés ultra-matérialistes sont pathogènes, générant toutes sortes d'addictions, jusqu'à la dépendance au numérique dont les GAFAM font leur miel.

Bien avant la pandémie, les experts en santé publique alertaient déjà, comme on l'a vu, sur la multiplication des glissades psychologiques et la surconsommation d'antidépresseurs. Une fragilité psychique chronique s'était installée dans les têtes, avec l'idée répandue que chacun de nous est une victime. Une victimisation généralisée alimentant une déresponsabilisation collective et une véhémence individuelle, largement répandue par les médias et les réseaux sociaux. Personne n'est responsable de rien, mais chacun est en droit de vilipender, à distance, les autres, forcément coupables de tout.

Cette casse mentale aura été encore aggravée par la Covid-19. D'autant qu'à la peur de la maladie s'est greffée l'angoisse – pour beaucoup non fantasmée – d'une perte de perspective économique, d'un appauvrissement, voire d'une faillite programmée. En France par exemple, les confinements en rafale auront provoqué une hausse des troubles psychiatriques ou psychologiques, en particulier chez les jeunes. Dès courant novembre 2020, la dépression touche déjà 21 % de la population, soit un Français sur cinq, deux fois plus qu'à fin septembre, selon une étude de Santé publique France. Les premiers frappés sont les personnes précaires, celles isolées, et les moins de 24 ans qui, pour 29 % d'entre eux, sont plongés dans un état dépressif. 70 % de ces hommes et ces femmes n'ont jamais eu d'antécédents de troubles psychologiques, un tiers souffrent de leur situation financière, un quart des effets de la promiscuité. La consommation d'antidépresseurs – qui était déjà à un niveau élevé dans notre pays – a augmenté de 20 % dès le premier confinement. Les responsables d'unité psychiatrique contactés par les auteurs se disent submergés, et particulièrement inquiets pour l'équilibre mental des jeunes dépressifs. Une enquête en 2022 dirigée par la Fondation Jean-Jaurès révélera un climat suicidaire durant la crise : un Français sur cinq a sérieusement envisagé de se suicider, ou du moins l'a exprimé[1].

Certains expliquent que la crise a fait éclater au visage de ces jeunes adultes le non-sens de leur existence. Cette lucidité soudaine est d'autant plus aigüe que les moyens de la faire taire par l'alcool ou les stupéfiants ont été réduits par les circonstances. Il est devenu, un temps, beaucoup plus compliqué, voire interdit, de se réunir pour boire, fumer et snifer. La « bamboche » était particulièrement visée par les autorités sanitaires, car elle était considérée comme favorisant plus que tout la circulation du virus. En plus de voir s'évanouir leur univers social,

1. « Covid-19 : alerte sur la santé psychique des Français et des Européens », 7 juillet 2022, Fondation Jean-Jaurès.

disparaître les petits revenus d'appoint des jobs d'été et autres stages, s'effondrer leur perspective d'emploi ou d'entreprenariat, les jeunes ont subi l'opprobre du reste de la société. Les autorités sanitaires, relayées par les médias et les réseaux sociaux, n'ont cessé de les culpabiliser, d'abord en les désignant, à tort, comme des vecteurs effroyables de contamination, dont la fréquentation était fatale aux plus âgés, puis en les traitant d'irresponsables quand ils ont commencé à faire craquer le carcan des mesures de confinement, de couvre-feu et de distanciation sociale.

La dépression survient souvent lorsqu'un individu réalise brutalement son inadaptation au monde tel qu'il est et son incapacité à le changer. Plutôt que de le combattre, il s'enferme dans une forme d'autodestruction qui conduit parfois au suicide. La pandémie n'a fait que renforcer le sentiment d'être piégé dans un modèle de croissance lui-même suicidaire pour l'être humain et la planète.

Il faut bien admettre qu'à l'heure du bilan, même s'il est encore un peu tôt pour en tirer toutes les conséquences, on voit se dessiner de grands perdants – les malades d'abord, les jeunes, les industries et services traditionnels, les politiques, le monde médical, – et un gagnant incontestable, presque triomphant, l'industrie numérique, qui a profité de cette tragédie pour étendre son hégémonie en dessinant un modèle de société irréversible.

3.

Un monde qui se dessine

À quoi ressemblera le monde de demain déjà largement en gestation, celui de l'homme sans contact ? On peut le dessiner avec un degré de certitude qui ne prend évidemment pas en compte le risque d'une épidémie majeure ou d'une catastrophe éradiquant l'espèce humaine, comme une éruption volcanique ou une collision avec une météorite. L'humanité pousse l'arrogance à penser que sa destruction ne peut venir que d'elle-même. La crise sanitaire montre qu'il n'en est rien. Les grandes extinctions qu'a connues la planète Terre prouvent que les espèces dominantes ne sont pas éternelles, et le cosmos dans son infini peuplement de milliards de planètes laisse penser que la vie est de l'ordre de l'exception. S'il existe une intelligence ailleurs dans le cosmos, c'est faire preuve d'intelligence que de ne pas entrer en contact avec nous, qui en donnons un si piètre modèle. Mais quel dinosaure aurait parié, il y a 60 millions d'années environ, qu'une météorite viendrait heurter la Terre dans le golfe du Mexique, une météorite d'à peine 10 kilomètres de diamètre, provoquant un nuage mortel pour la quasi-totalité des siens ? Et si les dinosaures avaient survécu, l'apparition de l'homme aurait sans doute été compromise du fait d'une cohabitation désavantageuse pour lui. Rien n'exclut qu'un nouvel événement ne le raye de la carte, sans prévenir.

Ce qui est notable dans la période actuelle, c'est que notre espèce est pour la première fois à la croisée des chemins. D'un côté, la révolution numérique revendique son immortalité à terme, et de l'autre, le réchauffement climatique fait peser sur elle un risque de disparition par la destruction de son environnement. Aucune espèce dominante n'était parvenue à éliminer à cette vitesse les autres espèces animales et végétales. Bien que le confinement ait réduit sensiblement les émissions de CO_2, 2020 s'est classée parmi les trois années les plus chaudes de l'histoire, et la canicule de 2022 montre qu'une augmentation de la température de 3 °C à la surface des continents d'ici la fin du siècle est une hypothèse moyenne.

Le réchauffement climatique résulte d'une course folle, les yeux fermés. De même, si l'homme a toujours été capable d'assurer sa subsistance, c'est son manque d'équité ou sa folie qui sont à l'origine des grandes famines. Si on prend l'exemple de la grande famine qui frappa l'Irlande au milieu du XIXe siècle, on peut l'analyser à partir d'une cause naturelle : la production de pommes de terre, aliment de base, s'effondre en raison d'une épidémie de mildiou. Mais le drame est aussi lié au comportement de la puissance britannique occupante qui autorise les négociants anglais à continuer d'importer des denrées alimentaires depuis l'Irlande alors que des régions entières subissent la pénurie, plongeant leurs habitants dans une mort certaine. Si, en 1945, l'humanité sort de privations terribles, elle s'y est précipitée toute seule par sa démence guerrière. Est-ce là encore le signe du toujours plus, la culture de l'accumulation, ou faut-il, comme le fait l'auteur du *Bug humain*[1], y chercher une raison biologique dans la dopamine, cette hormone du plaisir sécrétée par notre cerveau archaïque ? Nous serions programmés pour n'en avoir jamais assez, ce qui nous pousserait à consommer sans limites.

L'industrie du numérique mise sur cette partie du cerveau, soumise aux mécanismes du plaisir et de la récompense, et où se logent les addictions et cette incapacité à nous freiner. Ce qui fait l'originalité, la spécificité de l'homme par rapport aux animaux, c'est de pouvoir s'empêcher, comme l'ont dit avant nous Albert Camus et Jacques

---

1. Sébastien Bohler, *Le Bug humain. Pourquoi notre cerveau nous pousse à détruire la planète et comment l'en empêcher*, Robert Laffont, 2019.

Ellul. S'empêcher, ce n'est pas seulement être capable de s'abstenir, c'est surtout être capable d'échanger une satisfaction immédiate contre une plus lointaine. S'agissant du réchauffement climatique, nous avons beaucoup de mal à conceptualiser qu'une privation aujourd'hui engendrera moins de désagréments à long terme.

La solution n'est pas entre les mains des GAFAM comme ils le prétendent, ni dans cette immobilité qui se révèle, comme on l'a vu, extrêmement énergivore, mais se loge dans notre cortex cérébral frontal, la zone qui nous permet de ne pas céder à nos pulsions, au plaisir immédiat. Or, justement, l'industrie du numérique prospère sur la satisfaction de nos désirs en exploitant la substance noire où se fabrique la dopamine. Nos sociétés, basées sur cet accroissement exponentiel du plaisir immédiat par rapport à la satisfaction future, vont dans le mur. On le voit avec l'énergie, où la question n'est surtout pas de consommer moins, mais de trouver une énergie de substitution qui n'altère pas notre bien-être. S'il faut détruire tous les paysages pour installer des éoliennes à la place du pétrole, nous le ferons, plutôt que ralentir notre fuite en avant énergivore.

À un moment où le cerveau humain réalise des prodiges technologiques avec le numérique, cette industrie désormais prédominante s'adresse essentiellement à notre cerveau archaïque en jouant sur ses mécanismes de récompense et sur ses addictions, tout en réduisant notre esprit critique.

Pour l'industrie numérique, l'individu ne doit plus être qu'un consommateur dont le temps de cerveau disponible est manipulé par une gigantesque machinerie publicitaire et logistique. Cette transformation de l'homme en consommateur compulsif n'a qu'une logique, celle du profit, donc de l'accroissement exponentiel de la richesse des grands acteurs de l'économie digitale.

Cette névrose obsessionnelle qui ronge notre société moderne jusqu'à la menacer de disparition n'est pas nouvelle. L'individu des Trente Glorieuses en était déjà fortement atteint, et le mal n'a fait que progresser depuis. Les idéologues du libéralisme débridé, de la fête capitaliste permanente ont transformé le citoyen en consommateur compulsif. Tel un cycliste qui, pour ne pas tomber, doit continuer à pédaler, il doit acheter sans cesse pour éviter que la croissance ne ralentisse et que l'économie ne décline. Consommer, quitte à s'endetter, c'est assurer la prospérité. La sobriété, la tempérance, l'esprit de recul deviennent une forme d'égoïsme réprouvée plus ou moins discrètement. L'exemple frappant en est l'épargne. Durant la crise sanitaire, jamais les Européens n'ont autant épargné. Au printemps 2021, rien qu'en France, la cagnotte atteignait 160 milliards d'euros, et les Français étaient fortement incités à faire preuve de civisme en allant remplir leur Caddie, pour recycler fissa leur épargne dans la consommation. Sisyphe, condamné à produire et à consommer sans relâche... Un délire « consommatoire » que l'industrie du numérique a facilité en le mettant à portée de clic et de *Click & Collect*. Avec en corollaire une perte de sens.

Internet vend de l'addiction. À la pornographie d'abord, avec 136 milliards de vidéos consommées par an. À voir autant de sexes brandis dans des vidéos pornos, *Homo sapiens* masculin s'inquiète de la taille du sien, se compare, recherche toutes les solutions pour le faire grandir. Résultat : la première source de consultation des sites internet par les hommes concerne… la longueur du sexe. Les femmes s'étant mises à la consommation de porno sur le Net, l'impact ne s'est pas fait attendre : les cabinets de chirurgie esthétique sont assaillis par une nouvelle demande : la retouche des petites lèvres et grandes lèvres, très à l'honneur dans les films X.

Consommer en un clic est devenu une addiction. Les plateformes numériques, Amazon en tête, ont très vite compris que pour rendre encore plus dépendant le client, il fallait satisfaire le plus vite possible son impatience chronique. Pour assurer des livraisons en un temps record au moindre coût, les géants du numérique ont massivement investi dans l'IA. Avec 5 500 chercheurs et ingénieurs, la logistique de commande et de livraison d'Amazon est aujourd'hui l'un des plus grands systèmes d'intelligence artificielle au monde.

La boucle est bouclée : consommer comble le vide creusé dans nos têtes par la surconsommation de numérique. Tout ça pour des produits dont l'obsolescence a été programmée par ceux qui les fabriquent. C'est le smartphone qui vous lâche quand son producteur a décidé qu'il était temps d'en changer ; ou l'ordinateur dont le système d'exploitation trop vieux ne peut plus faire les mises à jour. Les GAFAM auront instauré un système de consommation impératif, pour ne pas dire obligatoire. Très rares sont ceux aujourd'hui qui peuvent faire le choix de vivre sans smartphone. Internet est désormais le point de passage quasi obligé de tous les services commerciaux, et même administratifs. Cette consommation frénétique basée sur des échanges mondialisés engendre bien évidemment des mouvements incessants de transports de marchandises à une échelle démentielle. Le monde sans contact sera plus que jamais celui des porte-conteneurs. Leur nombre ne cesse d'augmenter. Déjà 5 000 d'entre eux sillonnent les mers avec, pour les plus gros, jusqu'à 24 000 conteneurs embarqués, dont 3 à 5 % du chargement, selon l'aveu même des armateurs, finissent à l'eau. Une pollution de plus pour nos océans sur laquelle ne communiquent pas les GAFAM. Ironie du sort, ce monstrueux ballet de porte-conteneurs va profiter du réchauffement climatique avec la route maritime du Nord qui permettra, grâce à la fonte des glaces, de relier l'Asie du Nord-Est à l'Europe occidentale.

La consommation, névrose obsessionnelle entretenue, dégénère en psychose quand s'y ajoute le délire d'une civilisation qui fait croire que la multiplicité des biens et des échanges est le rempart contre l'effondrement d'une économie qui ne sait pas s'organiser autrement. Tout cela s'appuie évidemment sur un désir de posséder, de paraître plus que d'être, en sollicitant la partie la moins noble de notre cerveau. Les GAFAM ont considérablement renié les principes anciens du capitalisme qui voulaient que la demande déclenche l'offre. Désormais, l'offre décide de tout, et internet est l'outil parfait pour contraindre la demande à se plier à l'offre.

Consommer des objets livrés de plus en plus rapidement, au point qu'on peut imaginer qu'un jour les algorithmes connaissant tout de nos préférences pourront nous livrer des produits avant même d'avoir reçu la même commande, n'est pas la seule addiction à laquelle répond notre cerveau. Des sentiments peuvent aussi déclencher les mécanismes de récompense, et l'industrie numérique l'a bien compris en favorisant l'expression de l'indignation, de la colère, de la peur et de la haine. Un fou hurlant seul dans sa camisole de force, qui dérange-t-il au fond ? Essentiellement ses voisins. Si les réseaux sociaux avalisent la haine et l'invective, c'est parce qu'ils sont inoffensifs, les GAFAM n'ont aucun intérêt à structurer la critique sociale. Vociférer sur internet n'est même pas de la liberté d'expression, et encore moins de la contestation.

Exemple s'il en est de la révolution au temps du numérique, le mouvement des Gilets jaunes, qui s'est amorcé et entretenu grâce aux réseaux sociaux, n'a jamais été capable de formuler un modèle de société alternatif. Finalement, Internet n'aura créé qu'une illusion démocratique, en donnant le sentiment d'une liberté d'expression absolue. L'ultralibéralisme, dont le digital est le marché le plus prometteur, dispose désormais avec les réseaux sociaux d'une soupape pour que le système n'explose pas. La contestation ainsi canalisée se déverse de manière stérile. C'est ce qui est aussi arrivé au Printemps arabe, dont les promesses ont été stérilisées par le renouvellement de régimes corrompus. De même, la pétition numérique troque l'action pour le clic.

Les réseaux sociaux ont créé un moyen d'expression confus où se défoule le pire de l'homme. Avec peu de danger, puisque tout se fait à distance, sans contact physique. Le cerveau est une machine à calculer des probabilités, il réfléchit à deux fois avant d'insulter un contradicteur présent physiquement, par contre, dans le monde numérique, notre exhibitionnisme et notre voyeurisme prennent le dessus. De même que notre cerveau a une appétence naturelle pour le sucre et la graisse, il aime le spectacle que lui offrent les conflits. Que deux personnes haussent le ton dans un restaurant et tout le monde s'arrête de manger pour les observer. Cette dispute qui nous est totalement extérieur nous transforme en témoins d'un événement qui relègue tout au second plan. Grâce à internet, les GAFAM ont mis en place une nouvelle hiérarchie de l'info. Celle-ci n'est plus établie sur l'importance du contenu, mais sur son potentiel conflictuel, gage de remous. Cette mise en effervescence est optimisée grâce à des algorithmes toujours plus performants. En favorisant les regroupements en communautés, Twitter et consorts créent les conditions d'un affrontement permanent jusqu'au lynchage numérique que constitue la *cancel culture*. L'un des plus fameux exemples étant le boycott de J. K. Rowling, l'auteure de la série *Harry Potter*, après des propos sur Twitter jugés transphobes.

Internet ou les nouveaux jeux du cirque ! L'industrie du numérique a forgé des outils pour nous dresser les uns contre les autres, accentuer les différences communautaires, nourrir artificiellement, s'il le faut, les polémiques qui ont, comme certains produits, des dates de péremption. La dramatisation obtenue nécessite d'être entretenue, feuilletonnée, dans une concurrence féroce avec les médias d'information en continu qui réduisent considérablement leur temps d'informations réelles pour augmenter celui des commentaires et de la polémique. Au bout du compte, cette addiction à la polémique nous donne l'illusion de la démocratie.

Ceux qui ont côtoyé des personnes soumises à des addictions savent à quel point ces dernières peuvent détruire leur sociabilité, les éloigner de leurs proches et les ruiner. Mais la partie archaïque de notre cerveau qui régule le plaisir et la récompense exerce une force totalitaire sur notre raison.

Une société dont le principal moteur est de créer des addictions est une société à visée totalitaire. En jouant avec notre seul cerveau archaïque, l'industrie du numérique nous ampute du meilleur de nous-mêmes, cette partie du cerveau qui a permis à l'humanité de se dépasser, d'inventer la civilisation.

Les rapports humains, qu'ils soient économiques ou politiques, sont essentiellement des rapports de pouvoir et de domination. La société numérique propose la forme la plus aboutie à ce jour de domination par la surveillance et l'incitation à l'addiction en tournant résolument le dos à l'esprit critique, à la pondération, et donc à un rapport intelligent à l'environnement, tout en faisant croire qu'elle se mobilise en sa faveur. Que Bill Gates, le créateur de Microsoft, se fasse ambassadeur du climat sans que cela ne semble émouvoir personne montre la méprise fondamentale qui perdure sur les causes profondes du dérèglement climatique.

Hélas ! ce que nous avions prévu dans *L'Homme nu* est bel et bien advenu, ou en passe de l'être. La société numérique est hégémonique et nous contrôle intégralement par les addictions et par la peur. L'homme sans contact est compulsif, craintif et impulsif. Quand on rencontre les grands acteurs de cette mutation, on observe qu'ils cultivent une forme de supériorité sur cet individu ordinaire qu'on effraye comme on veut, et à qui on fait acheter ce qu'on veut, à un rythme effréné. Tant qu'ils peuvent moissonner des données que nous produisons et s'enrichir indéfiniment, ils ont pour le commun des mortels un mélange subtil de condescendance, de mépris… et surtout d'indifférence ! Car c'est bien de cela qu'il s'agit, de richesse infinie. Curieusement, alors qu'ils en profitent délibérément, ils jugent que l'homme est faible et que la société numérique, grâce à l'intelligence artificielle, finira d'une façon ou d'une autre par se substituer à lui. La voiture autonome est une bonne illustration de la société future totalement sous contrôle des puissances digitales. Grâce à l'IA, elle va substituer sa perfection à notre imperfection avec la promesse de quasiment supprimer les accidents de la route, lesquels tuent chaque année 1,3 million d'humains. La quasi-totalité de ces morts est due à une défaillance humaine. On tue en voiture par distraction, par alcoolisme, mais aussi parce que l'automobile est associée à un sentiment de pouvoir très reptilien, où la puissance de la voiture se substitue à celle de l'individu. La vitesse en est un exemple qui échappe à toute forme de rationalité et d'intelligence. Avec la voiture autonome, le numérique va faire coup double, comme il en a l'habitude. D'un côté, on verra s'éloigner cette menace que crée la voiture mise entre les mains d'individus primaires, au besoin de puissance puérile. Mais surtout, on crée pour le cerveau une augmentation de sa disponibilité aux sollicitations de la sphère numérique. Ne plus conduire, c'est gagner du temps pour téléphoner, pour jouer, pour se divertir et pour travailler en ligne. Bingo ! C'est donc faire circuler encore plus de messages publicitaires pour consommer encore plus.

Avec les GAFAM, nous entrons dans une forme inédite et très sophistiquée de prise de pouvoir. Le totalitarisme du numérique n'est pas celui des camps de concentration ou du goulag. Il n'a pas besoin d'un dictateur pour l'incarner. Il nous fait entrer dans un monde nouveau qui est celui du contrôle pacifique de l'humanité, par une technologie qui pourrait à terme remplacer l'espèce humaine. Ce totalitarisme technologique et ultralibéral reste par ailleurs compatible avec des régimes autoritaires traditionnels. La Chine et la Russie sont l'exemple même de deux puissances communistes ayant renoncé à l'économie entièrement dirigée pour réussir leur conversion à une forme d'ultralibéralisme, en Chine sous le contrôle d'une nomenklatura inamovible, et en Russie sous celle d'une élite cleptocrate, à la fois mafieuse et héritée des anciens services secrets soviétiques, montrant ainsi qu'une certaine forme de totalitarisme et de brutalité peut coexister avec le capitalisme dans sa forme la plus primitive qu'est l'ultralibéralisme. En guise d'idéologie, un « régime cafétéria », où tout le monde mange ensemble mais où chacun a son menu différencié sur son plateau-repas, et ce sont les géants du numérique qui se tiennent derrière la caisse. En revanche, ces mêmes régimes se méfient de la démocratie, dont le fondement est le citoyen, ce quidam dont il faut commencer par annihiler l'esprit critique, en affichant la volonté inverse.

Il est toujours hasardeux de se projeter dans le monde de demain. Mais il est tout de même possible de dessiner les contours de cette société et de constater qu'elle sera intégralement digitalisée et confrontée à une impasse climatique héritée de ses habitudes de consommation. Deux tendances lourdes qu'aucun politique n'a jamais vraiment anticipées, préférant faire de l'avènement d'une nouvelle idéologie totalitaire, l'islamisme politique, la seule vraie grande menace, sans comprendre qu'elle est intimement liée aux deux autres. À noter que cette incapacité des politiques à anticiper les deux grandes questions à venir contribue significativement à l'érosion de leur crédit dans les démocraties. La menace du totalitarisme islamique est un vecteur fondamental de l'accélération du processus de totalitarisme numérique par un accroissement considérable de la surveillance des individus. Internet a grandement facilité la diffusion des idées des groupes salafistes et leur recrutement, qui sans le numérique n'aurait jamais pu se faire aussi efficacement. Dans le même temps, la peur de l'islamisme a considérablement accéléré le développement des techniques de surveillance et leur propagation. Quand un politique déclare que nous devons nous habituer à cette menace, c'est l'aveu implicite que nous devons accepter une réduction de nos libertés pour éviter de tomber sous la coupe d'idéologues qui ne font pas mystère de vouloir nous replonger dans le Moyen Âge. Pas un mot sur les erreurs qui, en Afghanistan comme en Iraq ou en Syrie, ont conduit à l'avènement d'al-Qaida ou de l'État islamique. Pourquoi compliquer les choses quand on a l'opportunité de les simplifier à l'extrême pour en faire un combat du bien contre le mal. Être partisan du bien, c'est donc accepter d'être sous contrôle total pour éviter que le mal ne se propage, c'est accepter de perdre une part non négligeable de son humanité en renonçant à sa vie privée, et en acceptant que tous les instruments de numérique, smartphones, ordinateurs, caméras de surveillance publique, GPS, objets connectés assurent ensemble une surveillance de l'individu sans précédent dans l'histoire de l'humanité.

Ce qui nous déroute dans la dictature du numérique, c'est l'absence d'un dictateur charismatique comme Hitler, Staline, ou al-Baghdadi, et la présence à l'inverse d'une nébuleuse informe de personnes qui, prises individuellement, ne veulent que du bien à l'humanité, à condition qu'elle se conforme à leur logique ultralibérale d'un marché humain en expansion infinie, sans limites, qu'elle vienne des individus eux-mêmes ou des États qu'elles méprisent pour les ponctions financières qu'ils opèrent sur les gains monstrueux des GAFAM, mais surtout pour leur obsolescence programmée.

Comment peut-on qualifier un régime politique où chacun peut s'exprimer à tout moment sans s'appuyer sur les vrais outils de la connaissance, dans un système dont l'économie est basée sur une exploitation infinie des impulsions d'un cerveau archaïque. « Vous n'avez plus besoin de voter parce que nous savons ce que vous pensez, nous connaissons vos opinions parce que c'est nous qui vous les avons insufflées et que vous passez votre temps à les exprimer. »

L'arrière-grand-mère d'un des auteurs avait une formule magique : « Ce n'est pas parce que l'on n'a rien à dire qu'il faut le faire savoir. » La doctrine des réseaux sociaux c'est : « Surtout si vous n'avez rien à dire, faites-le savoir. » Parce que même si cela n'intéresse personne, l'internaute crée des données à collecter et des opportunités de circulation d'un message publicitaire ou même politique si les circonstances comme le Brexit ou l'élection de Trump l'imposent.

« Tout savoir de vous, pour pouvoir vous être utile et agréable. » Fini la déception du cadeau que l'on vous fait et qui ne vous plaît pas. Faire mouche à chaque fois, c'est ce que propose l'industrie numérique : la bonne connaissance, la bonne marchandise, la bonne adéquation entre l'offre et la demande.

La dictature a quelque chose de confortable, sinon elle n'aurait pas ce succès. Comment expliquer que les Russes aient pu passer de la tyrannie d'un tsar à celle de Staline et de ses successeurs, dont Poutine, président à vie. Pourtant, l'un défendait un régime aristocratique féodal, le suivant une dictature communiste, et le troisième un régime mafieux néolibéral. Les Chinois n'ont pas connu un sort très différent, et comme pour les Russes, les nouvelles technologies sont les nouveaux instruments de leurs maîtres. Mais la dictature du numérique ne s'arrête pas aux Russes et aux Chinois, elle touche aussi les démocraties libérales. Dans son livre, *L'Ère de l'individu tyran*, le philosophe Éric Sadin esquisse parfaitement les contours de cette dictature apparemment douce, incolore, inodore, « mirage d'une souveraineté œuvrant à un assujettissement sans appel[1] ». Comme il le montre également, la société numérique a débuté avec l'illusion d'un « surclassement ». Qui n'a pas rêvé, quand il voyageait en avion avec un billet de classe économique, d'être « surclassé » en classe affaire. C'est ce que la civilisation d'internet nous fait croire en nous donnant l'illusion de se plier à nos moindres désirs. Tout est indiscutable et immédiat. Envie d'une pizza ? Elle vous est délivrée dans l'heure. Envie d'un nouveau disque dur ? Amazon l'achemine à votre porte en 24 heures. Envie d'un rapport sexuel ?

1. Éric Sadin, *L'Ère de l'individu tyran. La fin d'un monde commun*, Grasset, 2020.

Meetic ou Tinder est à votre disposition. Besoin de vous déplacer ? Un Uber arrive dans dix minutes. Bientôt, il vous suffira de siffler votre voiture autonome pour qu'elle quitte un parking et vienne vous attendre devant chez vous. Vous n'êtes plus le pauvre anonyme du monde d'avant les réseaux sociaux, noyé dans la masse, vous êtes connu par des tas de gens, dont beaucoup ignoraient hier encore votre existence, qui maintenant vous suivent sur Facebook ou Instagram, et auxquels vous offrez des tranches de votre vie et de celle de votre famille parce que vous le valez bien. Avant, votre opinion se perdait dans le brouhaha du café du commerce ou se cantonnait à des conversations privées, maintenant, péremptoire et sans nuances, elle claironne sur Twitter. Ce « surclassement » numérique procure le sentiment d'une puissance retrouvée. La médiocrité de son existence s'oublie si l'on peut, d'un clic, faire voir à la terre entière le selfie où l'on pose en lunettes noires avec son chien devant la tour Eiffel, si l'on peut commenter tout ce qui se passe dans le monde en temps réel ou donner son avis sur tout parce qu'il est digne d'intérêt, liker une agence de voyages, détruire la réputation d'un restaurant, se moquer publiquement d'un homme ou d'une femme politique. On passe pour paranoïaque si l'on estime que cet accomplissement individuel est le moyen d'une dictature douce… et pourtant. Ce totalitarisme soft est bien là, tapi dans l'ombre marchande et sécuritaire. C'est au moment où nous nous sentons puissants comme jamais que nous sommes dépossédés de ce qui fait notre spécificité, en tant qu'individu et même en tant qu'être humain.

La force invisible de la société numérique est de rendre la responsabilité impalpable, intouchable, car elle supprime progressivement tout contact humain. Que l'on puisse encore avoir en face de soi, ou au téléphone, un agent d'une administration ou un employé en chair et en os devient une anomalie à corriger.

Dans l'inconscient collectif, qui dit « dictature » dit bâillonnement, chuchotement, peur de parler. Au contraire, la dictature numérique est celle de la sur-expressivité. Les individus ont le droit de parler de tout, tout le temps, sur tous les sujets, ce qui leur rend de plus en plus insupportable le fait que quelqu'un, un élu, puisse parler en leur nom, ce qui est pourtant le fondement de notre démocratie. Certes, cette représentativité est souvent limitée, mais l'est-elle au point que chacun aujourd'hui s'autorise à refuser les ajustements nécessaires que nécessite la gestion globale d'une collectivité pour l'intérêt général ? L'homme sans contact est un individu roi, qui choisit de s'agréger à une communauté, un clan, une tribu, qui veut se distinguer des autres, mais qui n'adhère plus à la collectivité. Encore une fois, le mouvement des Gilets jaunes est symptomatique de ce phénomène. Il ne s'est jamais inscrit dans un discours commun, dans une proposition sociale, parce que son objectif n'était pas de proposer une alternative cohérente pour la société, mais de porter un discours anarchique, agressif, alimenté par des revendications essentiellement individuelles ou parcellaires. Un totalitarisme des ronds-points encouragé par le numérique, puisque chacun croit tout savoir sur tout, donne son avis sans la moindre compétence particulière, à quoi s'ajoute souvent une défiance teintée de complotisme contre ceux et celles qui possèdent la connaissance d'un sujet. Paradoxalement, on reconnaît que la société moderne est très complexe, mais on estime que l'on ne peut se fier à personne, ni pour la comprendre, ni pour la gérer. La seule idée que quelqu'un, qui a étudié et pratiqué des années une discipline, en sache plus que le profane en la matière est même devenue insupportable, parce que la connaissance suggère une forme de hiérarchie sociale. Tout un chacun a été rattrapé par le syndrome de l'internaute qui se croit médecin : on fait son autodiagnostic sur des sites médicaux, on consulte les forums spécialisés en ligne, et on sait tout de sa maladie et comment la guérir. Le totalitarisme est la forme politique la plus aboutie pour un être humain qui n'obéit plus dès lors qu'à son cerveau archaïque qui lui apporte de la satisfaction immédiate, en méprisant son cortex cérébral qui lui permet l'acquisition de connaissances réfléchies, la finesse de raisonnement et l'esprit critique.

Sauf qu'à ce jeu-là, on s'abêtit progressivement et, se faisant, on ouvre la voie, sans limites, à l'intelligence artificielle, qui aura beau jeu de se substituer à cet individu vociférant. Un jour, derrière son ordinateur, lui qui postait, tweetait, chattait sa rage contre ses représentants, se rendra compte que ces humains disparus ont été remplacés par une logique algorithmique aux mains d'une minorité de geeks milliardaires qui ont, pour cette girouette de l'humeur qu'est devenu l'internaute moyen, un mépris sans limites. Ce qu'on appelle trivialement se faire prendre à son propre piège. Notre avenir risque bien d'être celui-ci : un totalitarisme technologique basé sur des algorithmes conçus par des ingénieurs anonymes. À défaut d'un homme idéal, cette société aura engendré un *homo numericus*, après quelques soubresauts inoffensifs comme la crise des Gilets jaunes, un mouvement qui n'a contesté sérieusement aucun des fondements du système en place, et qui, pourtant, on peut s'en étonner, a fait paniquer nos politiques. C'est sans doute ce que nous vivrons de plus en plus : des mouvements à la fois violents et inoffensifs, ne mettant pas en danger le système, car tout sera fait pour que le contestataire soit incapable de structurer sa contestation au-delà d'enjeux à court terme, comme le « pouvoir d'achat ». Serait-ce donc là le dernier pouvoir qui reste au citoyen, le seul que le système actuel lui prête ?

Dans l'histoire du monde, les grandes contestations sociales sont les fruits de cogitations menées par des philosophes, des sociologues, des intellectuels, des chercheurs, qui ont su structurer des alternatives, qu'elles soient bonnes ou mauvaises. L'esprit des Lumières, auquel le président Macron ne manque pas de faire référence, est avant tout un formidable travail encyclopédique, qui a conduit à la Révolution française, et qui a perdu pied quand les forces totalitaires ont détourné cet esprit à leur seul profit. De même, la philosophie marxiste a été dévoyée par des médiocres paranoïaques pour en faire le stalinisme, une des formes les plus abjectes du totalitarisme du XXe siècle. De même, le libéralisme économique, après s'être stabilisé dans une forme socialement acceptable vers la fin du XXe siècle, est en train de dégénérer en un ultralibéralisme qui rétrécit l'individu à sa seule dimension marchande tout en le menant à l'impasse climatique dont les effets en termes de souffrance risquent de dépasser ceux des deux idéologies totalitaires qui ont saigné le XXe siècle.

Quand Emmanuel Macron s'autorise, comme on l'a vu, pour promouvoir la 5G, à citer la marche de l'esprit des Lumières et du progrès contre celui de la régression, on est bien dans ce totalitarisme technologique qui exclut tout débat démocratique. Et c'est un autoritarisme mondial, parce qu'aucun pays, démocratique ou pas, n'échappe aujourd'hui à l'ultralibéralisme technologique. Ce qui laisse penser que, dans les années à venir, les régimes politiques aujourd'hui disparates en façade s'unifieront en grossissant non pas le bataillon des États démocratiques, mais celui des régimes qui sont déjà en phase avec les grandes orientations sécuritaires des GAFAM. La Chine offre certainement l'exemple de collusion le plus saisissant, en faisant coexister une classe bureaucratique étouffante avec des multimillionnaires du Net heureux de cette connivence. Ce qui n'empêche pas les rappels à l'ordre. Le P-DG d'Alibaba l'a appris à ses dépens. Jack Ma, le milliardaire fondateur du géant chinois du commerce en ligne, a brusquement disparu des radars le 24 octobre 2021 après avoir ouvertement critiqué le régime. Il n'est réapparu que trois mois plus tard, dans une vidéo où, visiblement « rééduqué », il vantait les vertus du Parti communiste chinois...

Ces outils de contrôle qui permettent de juguler toute contestation sociale et politique, le pouvoir chinois pourrait aussi être tenté de les utiliser pour remodeler les comportements de la population, afin d'atteindre la « neutralité carbone » annoncée par Xi Jinping pour 2060. La Chine est en effet au pied du mur face au réchauffement climatique. À l'été

2022, la moitié du pays a été frappée par une sécheresse exceptionnelle qui a menacé sa production hydroélectrique. Surtout, la pollution et l'assèchement des nappes phréatiques pourraient obliger le pays à rationner l'eau potable pour son milliard et demi d'habitants. On peut donc imaginer la mise en place très rapide d'un « crédit carbone » affecté à chaque individu, avec des objectifs de consommation qui auraient pour effet, quand ils seraient dépassés, de bloquer votre carte de crédit ou votre véhicule, de vous empêcher de réserver un billet d'avion, ou même de faire une photocopie au bureau parce que votre entreprise a dépassé son quota de CO_2.

Avant-goût du crédit carbone personnalité, le « crédit social individuel », actuellement testé par Pékin. Présenté par le gouvernement comme un moyen d'élever le niveau d'intégrité morale des citoyens pour l'avènement d'une société chinoise plus vertueuse et harmonieuse, il attribue un score à chaque citoyen en fonction de son adéquation à l'intérêt collectif, calculée par des algorithmes. Niveau de docilité aux injonctions collectives, solvabilité, paiement des assurances et des impôts, casier judiciaire, équilibre psychique, état physique, indélicatesses civiques, etc., autant d'informations disponibles aux autorités via la vidéosurveillance, les délations, les réseaux sociaux (comme le très populaire WeChat) ou encore les systèmes de paiements dématérialisés omniprésents en Chine, qui, une fois regroupées et moulinées, détermineront ce fameux score. Une sorte de note de confiance sociale, donnant lieu à un certain nombre de droits, de récompenses ou de sanctions, comme obtenir un service bancaire, voyager à l'étranger, trouver un emploi ou un conjoint, et finalement, pourquoi pas, un jour être autorisé à se reproduire. Une insulte, une altercation, un PV non payé, et ce sera des points en moins, avec la perspective d'efforts considérables pour récupérer la note initiale.

Un Français qui se trouvait à Shanghai a pu expérimenter ce nouveau monde. Placé en quarantaine à cause de la Covid-19, il a été confiné d'autorité pour quatorze jours dans un hôtel. Quand, au treizième jour, il a décidé d'en sortir pour prendre l'air et faire un tour, il a réalisé que sa carte de crédit était bloquée, qu'aucun Uber local ne voulait de lui. Premier pays à confiner massivement sa population, la Chine a, depuis, généralisé le passe à vie. Il est désormais exigé pour prouver sa bonne santé à l'entrée des immeubles, des commerces et dans la plupart des transports. Au cœur de l'été 2022, un certain nombre de Chinois ont vu leur passe sanitaire brusquement virer au rouge, ce qui signifie une quarantaine obligatoire. Leur point commun : tous s'apprêtaient à aller manifester à Zhengzhou contre les banques locales qui avaient brutalement décidé de geler les retraits d'argent...

Les promoteurs du digital peinent à reconnaître que leurs technologies sont parfaitement adaptées aux régimes brutaux, et même qu'elles les favorisent. Grâce au numérique, la Chine et la Russie ont aussi renforcé leur pouvoir de nuisance en cas de conflit armé. En plus de la dissuasion nucléaire, elles disposent désormais d'une capacité de dissuasion numérique. Enlisé dans sa guerre avec l'Ukraine, le Kremlin agite la menace d'une agression cybernétique. Plongées dans une réalité de plus en plus virtuelle et se sentant protégées par une mondialisation interconnectée, les opinions publiques des démocraties ont cru que la guerre ne pouvait plus les concerner directement. Le numérique, dissolvant des démocraties...

Quand l'individu est considéré comme un frein à une mobilisation collective, et ce quel que soit l'enjeu, vital et nécessaire comme l'urgence climatique, ou prétexte à resserrer le collier, le totalitarisme ne peut que s'épanouir. La sécurité sanitaire ou l'échéance climatique suffira à justifier un retour à l'autoritarisme. Les démocraties, telles que nous les connaissons aujourd'hui, auront bien du mal à rester le modèle qu'elles ont longtemps été. Elles s'effriteront par obsolescence et par manque de vision, si elles se contentent, comme elles le font aujourd'hui, d'aménager un ultralibéralisme désormais considéré comme inéluctable autant à gauche qu'à droite – si ces terminologies ont encore un sens pour les partis politiques actuels. Quant à la promesse des extrêmes de réappropriation du pouvoir par le peuple, elle n'est rien de plus qu'une mystification. On sait que l'Allemagne sous un Hitler porté au pouvoir par le parti national-socialiste a assuré une remarquable prospérité aux grands conglomérats allemands.

Il n'est pas exclu que cette société totalitaire soit le préalable à un effondrement général par absence de perspective et d'objectif commun. Le rêve collectif de changer la société a passé de mode, parce que dans bien des cas il a viré au cauchemar, mais surtout parce l'idée d'un grand dessein pour l'humanité s'éloigne de plus en plus au profit d'un « présentiel » axé sur l'individu, un humain hyper actif, connecté en permanence et condamné à consommer toujours plus, d'écrans, de marchandises, de services.

Même l'art se dissout dans le marché et dans l'éphémère. Tout le monde croira se distinguer, mais en réalité personne ne se distinguera sauf une poignée, par la fortune, on s'en doute, sinon à quoi tout cela sert-il si ce n'est pour asseoir le pouvoir d'une poignée d'individus aussi brillants que psychotiques ?

Le totalitarisme du numérique et la société qu'il prépare se distinguent, on l'a vu, par une liberté d'expression débridée, sous réserve de la censure imposée au nom de l'anticomplotisme par les magnats 2.0 ou par certaines communautés qui s'adonnent sans limites à la *cancel culture*. Refuser qu'un écrivain masculin puisse exprimer intimement des questions féminines, ou qu'un traducteur blanc puisse traduire un écrivain noir, est une forme de totalitarisme qui n'a été rendue possible que par les réseaux sociaux, à partir desquels on peut lancer des fatwa *ad hominem* qui seront suivies par des milliards d'individus. La « formidable » réussite du totalitarisme digital, c'est d'avoir libéré la parole et anéanti l'action. Jamais on n'a autant parlé sur les réseaux sociaux, et jamais un tel flot de paroles n'a suscité aussi peu de résultats concrets. On le voit sur la question des femmes, où objectivement rien n'est véritablement fait pour leur donner les mêmes droits que les hommes, qu'il s'agisse de l'égalité salariale ou de l'accès aux fonctions de direction. On le voit également sur la question des minorités, tous les bavardages sur les réseaux sociaux n'ont pas rendu la vie plus facile pour une personne noire dans un pays majoritairement blanc. Comme dans nombre de milieux professionnels, le faire-savoir prime sur le savoir-faire. Sans parler du faire-semblant, par exemple d'avoir intégré le réchauffement climatique comme une urgence mortelle pour certaines industries qui craignent pour leurs bénéfices à court terme. Si l'action était proportionnelle aux bonnes intentions exhibées sur les réseaux sociaux, les rapports d'activité des entreprises et les programmes des politiques, la question du climat n'en serait plus une. Mais chacun semble avoir intégré le fait que l'action n'a pas nécessairement à succéder à la parole. C'est un mécanisme de duperie intellectuelle semblable à celui de la charité. Celle-ci blanchit les consciences et sert de valve de sécurité pour les systèmes politiques les moins redistributifs. Parler évite de passer à l'action. Toute l'énergie mise à entretenir le flot d'affirmations et de commentaires sur les réseaux sociaux vient à manquer pour accomplir le moindre changement qui puisse contrarier des intérêts industriels, tandis que ces derniers donnent des gages de bonne foi tout en agissant sans scrupules.

Le totalitarisme de l'ultralibéralisme digital conduit à ce que rien ne puisse menacer les intérêts fondamentaux des acteurs du système tout en donnant en permanence le sentiment de le faire.

Il est très intéressant d'étudier le comportement d'Emmanuel Macron face au phénomène des Gilets jaunes. Cette réaction, que d'aucuns ont qualifiée de panique, montre que pendant un moment le président français a cru être devant un véritable phénomène révolutionnaire à l'ancienne. Or, sans le savoir, il était protégé par la nature même du phénomène qui se produisait devant lui, c'est-à-dire un ouragan de contestation destiné à se calmer de lui-même, parce que derrière cette protestation violente dans ses mots et ses actes, aucune action politique n'a été structurée, ni même envisagée.

Le totalitarisme 2.0 qui s'installe permet de s'exprimer sans limites, et même dans la violence, parce que le système sait qu'à part se traduire dans des politiques d'extrême droite qui le favoriseraient tout autant, la contestation finit toujours miraculeusement par s'éteindre, sans jamais avoir remis en question le vrai pouvoir, qui n'est pas le plus visible. Se désintéresser du cortex cérébral, c'est éviter un esprit critique qui risquerait de proposer de véritables alternatives. C'est ne pas avoir de projet politique, c'est même aller contre la politique. De ce point de vue, l'exemple américain est éclairant. Donald Trump avait parié sur la fin de la politique et sur un discours répétitif, verbeux, entraînant, qui viendrait couvrir le bruit des injustices d'un système dont il était le plus parfait défenseur. Joe Biden a clairement exprimé le retour de la politique, c'est-à-dire par exemple la possibilité pour un élu d'aller contre des intérêts industriels. Son mandat est décisif quant à la capacité des citoyens à reprendre une partie du pouvoir qui leur est confisqué par des intérêts de plus en plus cyniques, pour ne plus rester un peuple endormi, mou et énervé pour reprendre l'expression de Tocqueville. Le rôle fondamental de la démocratie, outre l'expression des citoyens à qui on donne les outils pour le faire, c'est la corrélation parfaite entre la parole et l'action. Et pour que l'action prospère, il faut le courage d'affronter les intérêts colossaux qui, le plus souvent, vous ont aidé à vous faire élire. Mais ce que l'on voit, le temps d'un mandat, c'est un ajustement des réponses aux demandes des électeurs en fonction des réticences « des bienfaiteurs ». D'où le sentiment permanent de déception des électeurs.

Finalement, la foi dans la démocratie relève plus de l'attachement à un concept qu'à une réalité qui s'en écarte de plus en plus. La démocratie représentative pour la parole, une forme de totalitarisme ultralibéral et digital pour l'action, voilà le modèle des prochaines années, avec le risque de voir cette démocratie représentative finir par se transformer en démocratie directe numérique, ce qui réconciliera d'une certaine façon la parole et l'action, par la magie d'une manipulation.

Ce n'est pas être complotiste que d'affirmer que l'économie numérique s'est fondée sur une manipulation, qui fait croire que l'on offre à tous l'accès gratuit à une technologie révolutionnaire, alors que celle-ci est fondée sur l'extraction de données personnelles, le harcèlement publicitaire qui ne dit pas son nom, l'effraction dans la vie privée, la fin de l'intimité, la surveillance généralisée, la dilution de la parole qui ne vaut plus rien, et la désactivation de l'action politique.

Que cette technologie puisse rendre des services, c'est évident, ce qui l'est moins, c'est le prix exorbitant que l'on paye, en termes de civilisation, pour enrichir des entrepreneurs mus par l'hubris et qui méprisent fondamentalement l'humanité, en dehors de la source infinie de profits qu'elle représente. Et cela avec pour tout résultat un éloignement progressif des individus les uns des autres, alors même que l'on tente de nous faire croire que l'essence de cette industrie hégémonique est de créer et resserrer les liens sociaux. Pour reprendre les mots d'Éric Sadin, qui fait partie des rares philosophes actuels à travailler sur le monde numérique, « nous n'avons en aucune manière affaire à une entité vouée à établir des liens, mais à une mécanique en continuelle ébullition, attirant à elle une infinité de monades humaines qui n'aspirent qu'à soulager leurs affects et à capter l'attention des autres[1] ». Cette logique ne peut aboutir qu'à un monde sans extrême pauvreté grâce au revenu universel futur, nivelé, uniformisé en une immense classe moyenne qui réussira

1. Éric Sadin, *op. cit.*

tout juste à garder la tête hors de l'eau, un monde dont les maîtres du numérique seront les seuls « ultra » riches, vivant dans des espaces isolés et sécurisés, une minorité elle-même fonctionnant essentiellement avec son cerveau reptilien, mue par l'appât du gain, la recherche d'opportunité pour un profit permanent, comme si l'avidité était la règle de l'univers, mais dénuée d'empathie, étrangère à la notion de bien commun et grisée par les perspectives d'un pouvoir infini que leur puissance financière alliée à leur technologie leur permet de toucher du doigt.

La psychose d'une minorité alimentant la normalité d'une majorité, ce phénomène n'est pas unique dans l'histoire. Avec le fascisme et le communisme, sans parler du nazisme, des minorités atteintes de syndromes psychotiques étaient déjà parvenues à imposer à une majorité leur conception délirante du monde.

Même si les grands démographes nous promettent une stabilisation de la population mondiale, nous serons beaucoup trop nombreux à l'horizon 2050 à consommer, et donc à détruire, selon un modèle auquel aucun parti politique ne propose pour l'heure une alternative crédible. Y compris à gauche. Nombreux sont les observateurs qui se sont étonnés de l'effondrement du Parti socialiste en 2017 avec l'élection d'Emmanuel Macron, mais à y bien regarder, en dehors de la communication et de ses effets de manche, la gauche n'a jamais remis en cause, au-delà de quelques aménagements, un système dans lequel elle s'est depuis longtemps fondue. Quant aux écologistes, s'ils vont plus loin en introduisant l'idée d'une décroissance, rebaptisée dans sa version allégée « post-croissance », ils ne remettent pas fondamentalement en cause le système. Il y a pourtant urgence. Jamais, malgré la quantité de connaissance produite chaque jour, cette dernière n'a aussi peu ruisselé pour nourrir l'esprit critique.

La révolution numérique n'aura fait qu'emballer le processus en flattant notre cerveau reptilien. C'est une évidence de le dire, internet est devenu le lieu du harcèlement publicitaire, du pilonnage systématique et ciblé de l'individu. Les rares vidéos dédiées à la culture sont présentées, tout comme les autres, en sandwich entre deux publicités. Tout ce qui est disponible est livrable à domicile, et le plus vite possible. Dès qu'il s'agit d'installer un centre de distribution d'un géant du commerce en ligne, les élus locaux se mettent en quatre, au nom de l'emploi, feignant d'oublier que plus la vente en ligne se développe, plus les commerces traditionnels périclitent. À l'approche des élections, ils pourront communiquer sur les métiers ainsi créés dans leur commune, tandis que ceux détruits l'auront été à bas bruit.

Jusqu'à une date pas si lointaine, les populations étaient régulées naturellement par les maladies et les guerres, faisant exploser la mortalité infantile, baisser l'espérance de vie. Il est bon de rappeler que l'espèce humaine est la seule dans le règne animal à pratiquer l'extermination. Aujourd'hui, les hommes s'entretuent moins qu'il n'y paraît, décèdent moins de maladies ; même une pandémie meurtrière telle que la Covid-19 reste sans commune mesure avec les grands coups de faux épidémiques qu'a connus l'humanité. Une excellente nouvelle à l'échelle individuelle, mais une nettement moins bonne pour la santé de la planète dont l'emballement climatique fait désormais peser une menace pour l'ensemble de l'humanité. C'est là que les GAFAM déroulent leur mantra : pour tout problème, il existe une solution technologique. Les premiers à avoir pris des mesures drastiques en matière de démographie ont été les Chinois, et on peut très bien imaginer qu'ils soient les premiers à instituer, dans un avenir plus ou moins lointain, un permis de procréer, géré par algorithmes. L'industrie digitale est parfaitement outillée pour élaborer un tel permis. Comme on l'a vu, la Chine a déjà mis en place un « crédit social individuel ».

Un cauchemar orwellien qui n'est plus exclu dans les démocraties. En juin 2021, en France, dans un rapport d'information intitulé *Crises sanitaires et outils numériques, répondre avec efficacité pour retrouver nos libertés*, trois de nos sénateurs n'ont-ils pas osé préconiser de collecter des données personnelles sensibles pour endiguer les pandémies ? En s'inspirant du modèle chinois, qualifié de « grande réussite sur le plan sanitaire » (du moins au regard des chiffres officiels fournis par Pékin), ils expliquaient la nécessité d'isoler les personnes positives et de les contrôler par des « technologies intrusives » tels que des bracelets électroniques, et des « traitements de données dérogatoires », en croisant par exemple leur état de santé, leur géolocalisation et leurs données bancaires. Et d'expliquer benoîtement que cela n'avait « rien d'impossible techniquement, et rien de très exceptionnel en comparaison de ce que font les GAFA à des fins purement commerciales ». Effectivement. Et, une fois encore, peu, à droite comme à gauche, surent déceler le piège macabre pour une démocratie du *solutionnisme technologique*, déjà évoqué dans *L'Homme nu* – décidément (et hélas) prémonitoire –, un terme inventé par le philosophe et chercheur Evgeny Morozov pour désigner une nouvelle forme de gouvernance, logique au sens premier du terme et redoutablement efficace, celle des algorithmes.

Orwell en a rêvé...

Conclusion

Une chose est certaine, nous approchons d'un monde où l'autre ne sera appréhendé qu'à travers le filtre des données qu'il émettra malgré lui. On saura que sa voisine ne paie pas ses impôts ou que son collègue de bureau développe un mode de vie à risques. Dès lors, jauger l'autre ne relèvera plus de l'alchimie de la rencontre, mais de la seule lecture, à distance, de son passeport social numérique. La fameuse « distanciation sociale » sera ainsi définitivement consacrée.

La rencontre d'un autre en chair et en os aura d'autant moins de chances de se produire que le fait de se déplacer physiquement ne sera plus une nécessité, compte tenu du flux de connexions dans lequel notre société baignera. Il deviendra même obscène de circuler en raison du coût énergétique et de l'empreinte carbone. Certains allers-retours lointains sont responsables d'autant d'émissions à effet de serre qu'une voiture moyenne pendant un an. Alors pourquoi ne pas voyager depuis chez soi, dans un cyberespace avec des vues en trois dimensions, en évitant les risques liés au contact, avec en plus la possibilité d'entrer sans danger dans des espaces, aujourd'hui trop dangereux – visiter les favelas de Rio de Janeiro sans risquer une rencontre inopportune, traverser des pays en guerre... –, et même voyager toujours plus loin, beaucoup plus loin dans la galaxie, en réalité virtuelle, mais sans les inconvénients du voyage spatial ? Rêve ou cauchemar ? C'est en tous les cas ce que promet le métavers, un univers parallèle et immersif que nous rejoindrons pour « vivre un nombre toujours plus étendu de séquences de la vie quotidienne via des casques de réalité virtuelle et d'avatars[1] », selon les mots d'Éric Sadin. « Nous

1. Éric Sadin, *op. cit.*

risquons de nous réveiller dans une sorte de *Matrix*, enveloppés de pixels, voyant en toute chose le “distanciel” devenir la norme et le “présentiel” l’exception[1]. » Une vision apocalyptique... Mais quelles sont aujourd’hui les raisons d’en douter ? Le 28 octobre 2021, Facebook[2] changeait de nom pour devenir Meta et annonçait dans la foulée vouloir investir dix milliards de dollars dans la construction de son métavers. En août dernier, Mark Zuckerberg affirmait avoir déjà levé cette somme sous forme d’obligations. Une nouvelle ère semble sur le point de s’ouvrir, celle d’un monde numérique totalement immersif. L’épidémie de Covid-19 et son cortège de confinements a préparé le terrain, car nous avons globalement et profondément modifié notre façon de travailler, d’enseigner ou d’apprendre, nos activités culturelles... Ce métavers sera énergivore comme l’est le monde numérique. Le développement du télétravail a fait qu’Amazon a

1. Éric Sadin, *op. cit.*
2. Le groupe Meta détient Facebook, WhatsApp et Instagram.

généré 60,6 millions de tonnes d'équivalent CO_2 en 2020 contre 44,4 millions en 2018. Ce qui n'empêche pas les GAFAM d'adopter le même discours de façade : la technologie rend possible l'avènement d'un « univers décarboné ».

Nul doute que les GAFAM et leur *solutionnisme technologique* nous donnent la marche à suivre, du moins « leur » mode d'emploi, pour sauver la planète du réchauffement climatique, mais aussi pour protéger sa biodiversité. Les espèces animales disparues renaîtront à partir de leur ADN. En novembre 2021, des chercheurs de l'université d'État de Pennsylvanie n'ont-ils pas publié 70 % du génome du mammouth laineux, ouvrant la voie à la « fabrication » d'un hybride mammouth-éléphant[1] ? Et on pourra recréer autant de lions que l'on veut, et éventuellement en garder un

---

1. Voir Tom Mueller, « La recette de la résurrection des espèces disparues », *National Geographic* ; https://www.nationalgeographic.fr/science/la-recette-de-la-resurrection-des-especes-disparues

chez soi, car, dans le monde numérique, la génétique l'aura rendu plus doux et plus obéissant qu'un caniche royal... Et nous aurons tous oublié ou ignoré que les entrepôts géants des GAFAM, autant que ceux des grandes surfaces commerciales, ont participé à l'artificialisation massive des sols. Pourtant, la construction d'entrepôts e-commerce a été exfiltrée du cadre contraignant du maximum de 10 000 mètres carrés d'artificialisation des sols imposée par la loi Climat et Résilience votée en août 2021, parce que, comme l'avait alors expliqué le député Mounir Mahjoubi, ancien secrétaire d'État au Numérique, l'e-commerce, qui « est encore en phase de développement et d'investissement » est « rarement rentable ». Quelques mois plus tôt, le 28 févier 2020, Emmanuel Macron recevait à l'Élysée Jeff Bezos, patron d'une société que l'on peut qualifier de « rentable » : Amazon, avec ses 21,3 milliards de dollars de bénéfices net pour 108,5 milliards de dollars de chiffre d'affaires en 2020. En octobre 2017, le président avait inauguré en personne un entrepôt Amazon à Boves dans la Somme. Un projet, avait-il précisé, « porté par l'ensemble des collectivités territoriales, par les services de l'État », et « un formidable exemple pour tout le pays[1] ».

Demain, la surface disponible par individu se sera réduite comme peau de chagrin, mais grâce au digital, les murs et autres limites physiques seront théoriques, comme abolis, mais seulement « comme ». Chacun pour soi, chacun chez soi, c'est le triomphe de la distanciation, de l'homme sans contact, piégé dans une logique collective décidée par l'intelligence artificielle. Déjà, les raisons de se déplacer diminuent. Livraison à domicile pour l'approvisionnement en nourriture et en boissons, âme sœur sélectionnée sans coup férir par un algorithme, amis virtuels sur Facebook, télétravail, salle de sport individuelle pour ceux qui peuvent se l'offrir et e-sport pour les autres, jeux proactifs, cyber

1. Déclaration du président de la République, Emmanuel Macron, sur le site d'Amazon à Boves, 12 octobre 2017, vidéo sur www.elysee.fr

voyages et déplacements virtuels. Et surtout la santé. Paradoxalement, une crise sanitaire aura dessiné un nouveau rapport, distancié, entre le médecin et son patient. Dans le monde numérique, la surveillance des corps fera partie de la surveillance généralisée. Là encore les big datas se préparent à siphonner un pan entier de nos vies qui est celui de la santé, en multipliant la production de données en contrepartie d'un sentiment accru de sécurité. L'homme de demain sera sous surveillance médicale permanente, ses principaux organes sondés en continu pour prévenir toute forme de pathologie. Il en résultera progressivement pour les moins riches une disparition de la médecine de proximité exigeant un contact physique au profit de centres digitaux de traitement médical qui seront capables de synthétiser les données reçues en posant un diagnostic et en proposant une thérapie immédiate par la livraison concomitante de médicaments. On sait par ailleurs que l'intelligence artificielle travaille à progressivement remplacer les médecins et on peut, sans grand risque de se tromper, prévoir la disparition à terme des cabinets de radiologie et d'analyses médicales sans oublier les médecins généralistes. Le sentiment rassurant d'être surveillé en permanence par la machine et de faire l'objet d'une prévention de tous les instants va rapidement briser toutes les réticences à cette médicalisation permanente, source d'émissions infinies de données, puisque l'automédication sous contrôle tutoriel deviendra la règle, d'autant que les déserts médicaux ne cessent de s'étendre. Un progrès donc ? Rien n'est moins sûr : les études scientifiques le montrent, la durée de consultation, l'interaction physique entre deux êtres humains, le patient et son médecin, influe sur la guérison. La médecine, que l'on définissait autrefois comme un « art de guérir », renonce à l'une de ses principales composantes : l'attention à l'autre. De plus en plus technologique, de plus en plus à distance, elle se déshumanise, et ce faisant, devient moins efficace. Jusqu'à la consultation psy à distance ! L'algorithme Woebot, doté d'une intelligence artificielle basée sur la thérapie comportementale et cognitive, l'une des approches cliniques les plus utilisées, consulte à n'importe quelle heure du jour et de la nuit. Un UberPsy en quelque sorte. Vous en rêviez, les GAFAM l'on fait, ou plutôt une chercheuse de Stanford, pour inciter les adolescents à consulter. L'enfer est (toujours) pavé de bonnes intentions.

La caverne de Platon sera digitale, l'homme de demain sera un reclus. Ses désirs assouvis par le *Click & Collect*, il échappera aux tâches les moins gratifiantes confiées à des robots. Il pourra, après avoir été dépouillé de l'imprévisibilité, de l'altérité, et au passage, sans qu'il en ait conscience, de son libre arbitre, enfin croire au paradis numérique sur Terre...

Nous aurons été les apprentis sorciers d'un désastre pour notre espèce : la numérisation du monde gouvernée par l'intelligence artificielle. Notre *hybris* nous aura conduit à créer des machines parfaites plus intelligentes que nous, avec lesquelles nous pourrions fusionner, comme en rêvent certains, quitte à disparaître.

À moins que nous ne soyons un jour ramenés brutalement à l'an zéro du numérique ? Cette menace d'un black-out total a resurgi sur fond de guerre en Ukraine, mais les dommages causés à chacun des belligérants par un cyberconflit mondial qui paralyserait tous les ordinateurs et les communications sur la planète seraient tels, que la perspective d'une guerre numérique, comme d'une guerre nucléaire, instaure un équilibre de la terreur. En revanche, une éruption solaire pourrait éteindre en quelques minutes notre civilisation numérique. Qui n'a pas rêvé de contempler une aurore boréale ? Une beauté hypnotisante qui, comme souvent dans la nature, dissimule une menace. Ce sont les mêmes bouffées de particules solaires qui, lorsqu'elles entrent en collision avec le champ magnétique terrestre, créent les aurores boréales mais aussi des tempêtes magnétiques capables de nous renvoyer dans un monde sans électricité et sans informatique. Un scénario catastrophe provoqué par une tempête solaire hors-norme que les astrophysiciens savent inéluctable sans pouvoir en prédire la date. En 1858, une éruption solaire avait paralysé toutes les transmissions télégraphiques. Pour la même raison, en 1989, le Québec avait été privé d'électricité pendant neuf heures.

Nous voilà ramenés à notre extrême fragilité que notre extrême prétention nous avait fait oublier. Il y a 60 millions d'années, une gigantesque météorite faisait disparaître les dinosaures qui régnaient sur la Terre depuis plus de 200 millions d'années. Aujourd'hui, il suffirait d'une grosse colère du soleil pour provoquer la fin de l'*homo numericus*...

Composition et mise en pages
Nord Compo à Villeneuve-d'Ascq

CET OUVRAGE
A ÉTÉ ACHEVÉ D'IMPRIMER
SUR ROTO-PAGE
PAR L'IMPRIMERIE FLOCH À MAYENNE
EN OCTOBRE 2022

N° d'impression : 101277
Imprimé en France